古今東西 いま関西

人物名鑑

鷲田小彌太
washida koyata

言視舎

まえがき

まずは経験則で序にかえる。

一八歳で関西に足を踏み入れた。京・阪・神・奈・紀・伊である。この地、一九六〇年代、札幌（私が生まれた）からは（いまの）ニューヨークよりも遠く、未知すなわち異人・異文化との遭遇であった。まさに外地「留学」で、わたしの最初の「外国」経験であった。

当初はこの大いなる「田舎」で自閉症に陥った。だが気がつくと、いっちょ前の「関西人」になっていた。一世代前の開高健であり、同世代の桂枝雀で、「いらち」だ。

その角度から「世界」を見るようになる。関西人とは、訛りを残した世界人だと納得。もっといえば、日本書紀、源氏物語も、徒然草、そして風姿花伝、芭蕉も、司馬遼太郎（歴史）、谷崎潤一郎（小説）も関西産ではないか。「世界」標準だ。「不易流行」である。

昔「君主の哲学」（プラトン、プルタルコス）、今「プレジデントの哲学」である。プレジデントとは、大統領、議長、社長、学長、村長、すなわち「組織」を率いる「トップ」で、ま、平たくいうと「経営の神様」松下幸之助の「哲学」といえばわかるだろう。社長のためだけではない。よりおおく社員《メンバー》の哲学でもある。その理由も自ずとわかる。

東に、司馬遷『史記』があり、わが司馬遼太郎『疾風韃靼録』がある。西にプルタルコス『英雄伝』があり、『聖書』がある。ちなみに東に、伊藤痴遊の維新英雄伝がある。エッ、痴遊を知らないって？　落語家じゃないよ。ま、それはいい。読んでのお楽しみといこう。

関西に二三年、北海道にもどって四〇年、わが師匠・谷沢永一とはまた違って意味で、なんにでも食らいつく「だぼ鯊《はぜ》」よろしく、注文さえあれば、即、連載を引き受けてきた。それで「羊頭をかかげて狗肉を売る」よろしく、「古今東西いま関西」を旗印に、お披露目に及んだ。連載時期は旧聞に属する。でも古くさくない。つねに「不易流行」でゆくのが哲学の本筋である。

人物名鑑　古今東西いま関西　目次

Ⅱ 社長の哲学

Ⅲ　古今東西――社長の読書　119

Ⅳ プルタルコス『英雄伝』の人間哲学に学ぶ

I

関西人は世界人

1 開高健——複雑系

（かいこう　たけし　1930‐89）

関西人を、地下鉄の乗り降り、横断歩道の往来の外観から判断して、「いらち」という。吉本興業をモデルに「こてこて」という。「がめつい」があり、「しぶちん」がある。「かるく」て「けばい」。関西人を称して、あれもあり、これもあるというが、一様に「がさつ」な性格を指し示しているように見える。しかし、だ、

一八歳から四一歳まで関西に住んで感じ取ったことは、それらはあくまで外観であり、一寸見のイメージにしか過ぎない、ということだった。

作家の開高健は、最も関西人らしい人間だと思われ続けたのではないだろうか。芥川賞を取って、東京に進出したが、最後まで関西の土壌が与えた風貌を失わなかった。

その開高、いらち丸出しの生き方をした。しかし、みずから掲げたのは「悠々と急げ」である。あちらにも顔を出し、こちらにも足を突っ込むというように、八面六臂の働きをしたが、実のところ、現実の闘争場裡からいつも半分顔を背けているような生き方をしていた。それに根っからの寂しがり屋だった。寂寞が極に達すると、とんでもない果て地へ気晴らしに出かけるという体で、冒険家に変身した。

風貌も、文学表現も、こてこて派だった。凝りに凝った。

初期の代表作『日本三文オペラ』はいまは伝説化された大阪砲兵工廠跡の「杉山鉱山」盗掘隊、「アパッチ族」を扱って、ホルモン焼きの匂いをたっぷりかがせてくれる。中期の代表作『夏の闇』は、食う、眠る、セックスするの三大人間本能をテーマに、一組の男女だけを登場させ、たれ込めた臭いを発散させる無限反芻運動の典型のような小説である。だが、一言でいって、どちらも「濃い」、煮詰まっているように見える。

しかし、開高の小説を英訳すると、ヘミングウェイなのだ。簡潔で鋭い。無駄がなく、張りつめている。削りに削った純粋体でできあがっている。そして普遍的である。日本人でなくてもよくわかる。開高がもつ関西人のセンスは、東京に代表される日本を通り越して、直接世界に達するのである。

といっても、開高の生き方や文体、出処進退や断定の仕方は、つねに決断回避、決着を先に延ばす、という風なのだ。ビジネスライク、とはいきかねるのである。自分を直接売り込むなどということは一番の苦手で、誰彼が手をさしのべてくれるまでやせ我慢に徹する。といっても、そのやせ我慢に感づかれるのを極力嫌うのだ。

開高に現れているように見える関西人の一つの特徴は、複雑さ、ということだろう。これはやっかいである。一筋縄ではいかないからだ。昨日通用したことが、今日また通用するとは限らない。私のような北海道生まれのぽっと出が、関西に行っての人付き合いで、どれほど泣かされたかわからない。関西人にとって、私が外国人だったからだろう。

2 中山正善——蒐集系

（なかやま　しょうぜん　1905－67）

「大和は国のまほろば」といわれる。その薄靄たなびく「まほろば」がいまも一番残っているのが天理あたりではないだろうか、というのが私のいまに変わらない感想だ。

天理大学は関西の人なら誰でも知っているが、全国的にそれほど名が通っているというわけではないし、学生数四〇〇〇人弱の中規模以下の大学である。ところが、この大学の蔵書数がすごい。約一八〇万冊。学生数二万五〇〇〇人の関西大学（一八〇万冊強）、二万人の同志社大学（一七〇万冊弱）、一万六〇〇〇人の関西学院大学（一四〇万冊弱）、二万六〇〇〇人の立命館大学（一八〇万冊強）と比べて少しも遜色ない。東京と比較しても、早稲田大学（四万人、四〇〇万冊強）、慶応大学（二万八〇〇〇人、三三〇万冊弱）は別格としても、明治大学（二万七〇〇〇人、一六〇万冊強）、立教大学（一万三〇〇〇人、一二〇万冊強）、中央大学（二万五〇〇〇人、一七〇万冊）を凌駕しているのである（数字は執筆時のもの）。

概して宗教系の大学図書館の蔵書数は多いとはいえ、天理大学のははるかに群を抜いてめざましい。これは一にも二にも、天理教第二代真柱《しんばしら》中山正善の一代にわたる蒐集の結果である。

正善は、父で初代真柱真之亮が死去した後をうけて、大正四年、一一歳で官長職に就き、旧制大阪高校、東京帝大文学部宗教学科を経て、昭和四年から本格的な布教活動に入った。その一方で、無類の本好きがこうじて、古書蒐集に手を染め、死去するまでに約一〇〇万冊の蔵書を数えるまでになる。

驚くべきは、数量の多寡にあるだけではない。稀書珍籍といわれる「善本」類が豊富なことである。とりわけ、古事記、日本書紀、西鶴、芭蕉研究は中山コレクション抜きには不可能である、といわれるほど学術的価値の高いものが揃っている。

古書界では知らぬものがない古書肆《しょし》弘文荘の反町茂雄翁の言によれば、個人コレクションとしては、ニューヨークの（金融王）モルガン・ライブラリー、ロスアンジェルスの（鉄道王）ハンチントン・ライブラリー、ワシントンの（石油王）フォルジャー・シェークスピア・ライブラリーに匹敵するということだ（反町茂雄『天理図書館の善本稀書』八木書店。現在、平凡社ライブラリー）。

このような蒐集が可能だったのは、正善の熱意と天理教の力にもよるが、何よりも大きかったのは、太平洋戦争の敗戦による社会激変という背景があったからだ。古い社会システムと価値ががらりと変わったため、七、八〇〇年続いた公家寺社、三、四〇〇年続いた旧大名、明治以降の財閥、地方の素封家等がいっせいに大量の古書を放出したのである。

正善は無類の読書家であった。学問好きであった。古書の蒐集家であった。しかし、彼は、まず第一に、宗教人であり、布教家であった。全世界に向かって天理の「信」を広げる情熱がその学術的「真」を支え、驚嘆すべき稀書蒐集に繋がったといえよう。

3 長谷川慶太郎――変身系

（はせがわ　けいたろう　1927‐2019）

長谷川慶太郎が関西生まれの関西育ちだ、といったら、おや、という人も少なくないのではあるまいか。朝日TV系の朝の「情報」番組「やじうまワイド」で、いかにも関西系のボケ役の黒田清（元読売新聞大阪社会部で「黒田組」と異名をとった）を向こうに回して、歯切れのいい政治経済分析を立て板に水で語る姿から、関西人の風貌を推し量るのは難しい。しかし、生まれは京都の西陣、旧制茨木中学、旧制大阪高校、大学は旧制大阪大学の最後の卒業生で、専攻は工学部冶金学科。

学生時代、ご多分にもれず左翼運動に身を投じ、共産党の国際派で、徳田書記長が牛耳る主流・中共派に冷や飯を食わされ続けた。業界紙記者や証券アナリストとして知る人ぞ知るの存在だったが、長谷川を一躍有名にしたのは、日本経済は第二次オイルショックを見事に克服し、高度成長を続ける、と看破した「石油・円高ショックを超える日本企業」(『諸君!』一九七八年四月号)であったから、そのときすでに五〇歳を超えていたことになる。それ以降の活躍は人のよく知るところだろう。

長谷川は、ミクロの分析、株と為替の変動に独特の切れ味を示してきたが、ここで特記したいのは、マクロの分析、とりわけその歴史感覚である。

「戦争と革命」の時代であった二〇世紀に続く時代特徴を、「平和と安定」の時代と規定し、その時代の特徴は「競争」であり、「デフレ」であると看破した。人は、長谷川に「バブル」崩壊の張本人を見る。しかし、長谷川は、世界経済の最先端は消費資本主義、情報資本主義に突入した、それは正確な意味で、必需品の生産と購買ではなく、非必需品の生産と購買が主流となる「バブル」(消費・浪費)社会であり、それに対応する社会システムに日本が再編成されなければ、日本のこれまでの「成功」が桎梏と化す、と警告を発し続けてきたのである。

それはともかく、長谷川の思考特徴は、ただ一人で膨大な情報を収集し分析し、その結果を公表し続けてきたことに現れている。協力者はいるかもしれないが、思考の協同者はいない。「群れたら弱くなる」が左翼運動から学んだ長谷川の鉄則(教訓)であるに違いない。「一匹狼」あたりにも、長谷川の関西的性格がよく出ているのではないだろうか。

長谷川は「先見力の達人」(谷沢永一)といわれるが、先見力は、予断であり、同時に偏見ともなる。誤るのである。錯誤した時、人はどうするか。「君子豹変す」である。この場合、「君子」とは知識人のことだ。新しいベースの上で、新しい見解を展開することだ。

人は、自分の「見解」に固執しがちである。とくに理論家はそうだ。しかし、現実がその理論を反古にしたとき、自分の見解を新たにするのが真の勇気であって、その逆ではない。世界が過激に変動する時代にあって、長谷川の変身をなんども見ることができる、というのが私の期待である。

4 嵐寛寿郎――豪傑系

（あらし かんじゅうろう 1903-80）

京都は、古いものと新しいものだけでなく、高貴なものと低俗なもの、極端に閉鎖的なところと国家も民族も超えたところが絶妙に混在する典型的な町だ。京都人もそうではなかろうか。その代表選手を探すのはそんなに困難ではないが、まず第一にあげたいのが嵐寛寿郎であろう。

日本映画といえば時代劇。チャンバラ映画と蔑まれてきたが、これが映画の本道であった。(ちなみに、時代小説も髷物、チャンバラ物と差別されてきたが、司馬遼太郎が出るにおよんで小説の代表に躍り出た。）当然、主役を演じたのも、活動写真の目玉の松ちゃんこと尾上松之助をはじめ、長谷川一夫、板東妻三郎、片岡千恵蔵、市川歌右衛門、嵐寛寿郎、大河内伝次郎、全部時代劇役者であった。この中で集客力、容姿が揃って抜群だったのが鞍馬天狗（四六本）と右門捕物帖（三四本）の二枚看板をひっさげて戦前戦後映画界を疾駆したアラカンこと嵐寛寿郎であった。日本のゲリー・クーパーである。

アラカンは京都木屋町生まれ。一一で着物の衿《えり》の製造販売問屋に丁稚奉公、番頭に出世寸前の一八の時、主人が死んで店じまい。役者の道を歩み始める。もともと芸道の血筋であった。義士劇、関西青年歌舞伎を経て映画界入り。映画俳優は、当時、河原乞食のもう一つ下。歌舞伎では、どれほど才能があっても家系がなければ一生冷や飯食い。だが、映画では銭が稼げる。

アラカンがこれぞわが初作と選んだのが、「少年倶楽部」掲載の『角兵獅子』。作者をダイブツジロウ（大佛次郎）と読んだほどの無学だったが、鞍馬天狗はアラカンの発見創造物。昭和二年だった。それからアラカンの波瀾万丈、荒唐無稽、痛快無比、天国と地獄の人生がはじまった。

アラカンは日本人で、否、人間の中で、最も男性的な生き方をした一人といっていいのではあるまいか。

竹中労は、読んで絶対お得の『聞書アラカン一代＝鞍馬天狗のおじさんは』（ちくま文庫）で、「鞍馬天狗の他に神はいなかった」というフレーズを掲げてアラカンの剛直な生き方にオマージュを捧げている。そのいくつかを拾ってみよう。

アラカンは、映画で稼ぎ、女で蕩尽する。家を建て、着物を買い、貯金通帳をもたせ、別れるときはそっくり女にくれてやる。アラカンは身一つ。この繰り返しであった。死ぬまでそうだった。それでめげなかった。

新東宝が社運をかけた『明治天皇と日露大戦争』にアラカンが主演。空前の大ヒット。アラカンにとって、鞍馬天狗も天皇も同じ。しかし、そうはいかなかった。

「いやしくも明治大帝、ドロボーや人殺しの役、もうでけしまへん。……助平もご法度ダ」

しかし、天皇陛下を撮ったら、もうこわいものなし。エライさんなんでもこい。東条英機、OK。

アラカンのモットーは、「五分の虫にも一寸の魂」つまり、有為転変を恐れず、権威におもねず、我が道をゆく、である。このアラカンが、長谷川、片岡、市川はもとより、三船敏郎、中村錦之助より、日本映画史で低い位置しか与えられていない、ということは日本映画の恥として知っておきたいものだ。

5　橋本峰雄——平俗系

（はしもと　みねお　1924 - 84）

世に「京都学派」という呼び方がある。戦前は、西田哲学の学統を継ぐグループを指したが、戦後は、京都大学人文科学研究所の桑原武夫をジェネラルマネジャーとする人脈を指す。いずれも有能でユニークな人物を輩出した。前者を超俗荘重といえば、後者は平俗洒脱というべきか。後者の代表選手の一人に橋本峰雄がいる。

橋本は徳島県生まれだが、旧制の大阪高校、京都大学で学び、就職は神戸大学、同時に法然院三〇世貫首として京都に盤踞したのだから、十分以上に関西人であるといっていいだろう。精神はまさに関西人であり、世界（世間＝ワールド）人だ。

西田幾多郎や田辺元という戦前の京都学派の首領は、ごつごつしたところの多い粘着質の体質が顕著だ。まあ、田舎気質丸出しとでもいっていいだろう。それが旧制高校調の教養主義をいたく刺激したようである。

ところが、桑原武夫や今西錦司をドンに仰ぐ戦後の京都学派は、学問分野を問わず、スマートである。橋本が師と仰いだ野田又夫（フランス哲学）が、六〇年代、非常勤講師で大阪大学に数年間来たことがある。りゅうとした背広姿で、親衛隊であろうか、数人のご婦人たちを引き連れての講義であった。西田や田辺の系統を継ぐ難解第一のわたしたちの先生と比べ、内容を忘れてしまうほどに流暢《りゅうちょう》であり、有難味が見いだせないほど明晰だった。

その野田の薫陶を受けたのが橋本で、後に桑原のグループに入り、雑学に身を投じた。しかし橋本のユニークさは、西洋哲学徒を続けながら、仏門に入り、住職になり、七六年には貫首に登ったことである。僧門を脱して作家になった人はいる（武田泰淳）。僧籍のまま首相の席を襲った人もいる（石橋湛山）。しかし、哲学者のまま得度し、一大宗派のトップになった人は稀ではないだろうか。

橋本のユニークさは、その生涯コースにばかりあるのではない。思考のユニークさにこそある。学と俗を、思想と習俗を結び、その双方を一貫する原理をうち立てようとした点にある。しかし、この思考スタイルは日本ではまれだったが、西欧では、ソクラテスやデカルトを思い浮かべてもらえば十分なように、ごく普通の行き方なのだ。

例えば、加地伸行（『儒教とは何か』中公新書）は、学の立場から、儒教に染まった葬式仏教を批判する。「正論」だ。反して、橋本は「真実の意味で葬式仏教にできたら、つまり生き死にできる仏教になれたら、むしろ本望である」とする。つまり、長い歴史をもつ日本の祖先崇拝の習俗を前提に、知識（信条）、祭式（儀礼）、組織（教団）という三つの次元をどれも捨てずにゆくという最も困難な道を選ぼうとするからだ。それで、儀式を漢訳教典から和文教典に転じ、檀家の宗教上の要望には極力、服従奉仕するという努力目標を立てるのだ。

平俗雑学というのは、困難を捨てることではない。困難を取ることだ。困難を誰にでも近づくことができるところまでもってきて、納得いくように説明し、ともども解決にはげむことだ。橋本はその道を進もうとした。還暦を直前になくなったが、その書いたものは残されており、学ぶことができる。

6 南方熊楠——異端系

（みなかた　くまぐす　1867‐1941）

その風貌と行動、そしてなによりも仕事の特異さにおいて、日本人離れした国際人で、しかもまっすぐの大和魂を発揮した人が、紀州は和歌山生まれの南方熊楠である。生家は、金物、米を商い、後、金融・酒造業に転じて巨万の富を築いた和歌山屈指の商家で、現在でも酒造業は「株式会社世界一統」として健在である。

南方熊楠、第一に名前が奇異だ。それに劣らず、人生軌跡が数奇だ。

東京大学受験のため、一七歳で上京。翌年東大予備門入学。落第し、二〇歳で、退学、帰省。同じ年、渡米、農学校に籍を置くが、退学し、大学には入らず独学をはじめる。送金が途絶えがちになり、曲馬団に加わって西インド諸島を巡業。二六歳で渡英。大英博物館に臨時職を得る。三二歳、喧嘩で同館追放。三四歳、和歌山に帰る。勝浦、那智と移り住んで、三八歳から田辺に定住。独力で粘菌研究等に没頭する。

行動に奇なることももちろん多い。些細なことから学問上のことで、激越な喧嘩に及ぶこと数知れず。暴力沙汰で検挙されたり、猥褻罪で罰金を食らったり、という熊楠が、六三歳のとき天皇に進講するなどということもあった。毀誉褒貶の人であった。

しかし、熊楠の特異性はその学問にある。専門は民俗学。日本民俗学の父といわれる。近代学問は、帰納法と演繹法の組み合わせ。日本民俗学のもう一人の父といわれる柳田国男は、民話や昔話を採集し、その中から民族の共同意識を帰納する。しかし、柳田には、その膨大な採集データから帰納する前に、「直観」か、文献からの演繹か、いずれにしろ、最初に「結論」があるような行き方が感じられる。

これに対して、熊楠は、採集、再採集、分類、再分類、の連続で、その膨大な採集分類の一部を、エピソード的に論文化するだけだった。つまり、あえて論理化し、体系化することを拒んだように見えるのだ。

そう、熊楠の学問の素は、彼が幼少時から親しんだ、江戸時代の『和漢三才図会』。「三才」とは天・地・人、この書物はこの三世界を網羅的に記述する日本最初の百科図鑑。いってみれば、原理と体系の見えない、曼陀羅世界である。熊楠の行き方は、近代の学問が科学の名によって切り捨てたものに視線を向けることであった。もちろん、帰納も演繹も必要だ。しかし、それによってえられた「結論」は暫定値に違いない。

現代はコンピュータ時代である。情報の収集と分類と整理が、大量、迅速、正確になった。限られた情報と個人的な手法で帰納したり演繹してきた近代学問の原理や体系にほころびが見え始めて当然である。収集と分類の繰り返しによって蓄積されたデータから、熊楠がマジックハンドによって導き出した知見が、コンピュータによってマニュアルハンドで導き出すことができうる可能性が開けたのである。

熊楠の手法は異端系であったが、これからの科学の行き方を示す複雑系として甦るに違いない。

7 松下幸之助――素足系

（まつした　こうのすけ　1894-1989）


福祉施設に働く職員にカーネギーの『人を動かす』を贈ったところ、心性が一変した、といわれた。何よりも不満分子でなくなった、と喜ばれた。日本のカーネギーはだれか。誰もが松下幸之助を思い浮かべるのではあるまいか。

カーネギーのいうところは、特別な素養の前提なしに、誰でも理解できる。その理解したところを実行に移すことができる。といっても、簡単に頷くことができるが、実行を続行することはそんなにやさしくない。

松下幸之助を「素足の人」といったのは、谷沢永一である（『松下幸之助の知恵』PHP文庫）。ものごとを発言する人は、必ず大きな足袋や下駄を履いて出てくる。「人間はこうである」という「前提」を立て、しかも、それを他人から借りてくる。誰も疑問のもちえないような「公理」の類である。そういう足袋や下駄を履かなかった人が松下幸之助である、というわけだ。だから、凡人が理解もできない、実行もできないプランをもちだすことなどしない。

松下幸之助のいちばんの美質は、カーネギー同様、人間の本性（自然）を大きく肯定することだ。だから、人間の幸福は自分が与えられた天分（自然）に従って生きてゆくところにある、と繰り返しいう。不満や悩みは、むしろ自分の天分を省みないところから生まれる、というわけだ。

私自身はどうしようもないほどの「前提」の人間である。足袋も下駄も履く。むしろ、重装備に、といった方がいい。その私が、それでも、「こうだ」と考え抜いた意見は、だいたいが「常識」そのもので、ずーと前に松下幸之助がすでに発言済みだ、ということに気づかされて、唖然とすることがしばしばある。その全部が「人間の本性」の線に沿っている発言だった。

例えば、「人間には本来悩みがない」「生産は富、消費も富」「民主主義には金も時間もかからない」「欲望は人間の生命力のあらわれである」などは、私が自分が学んだ最も愛する思考者、スピノザやヒュームからえたものと同一不二のもので、国籍、人種、時代、地域に関係なく通用する考えだろう。

もちろん、松下幸之助は、経営者として、営利実業家として発言する。儲けるためだ。しかし、その儲ける目的と手段が、「世間」（世界）が広く認め納得するものでないかぎり、事業に失敗をきたす、と考える。我利我利亡者は実利に疎い人間のことで、その逆ではない、「世間とは神のごとき審判者だ」というわけだ。

もともと、「人間」とは「じんかん」で、人間個人とともに、「人間関係」「世間」「世界」をより多く指した言葉である。「人間至る所青山あり」である。営利は人間を磨く最も基本的な活動（生命力）である、と自信をもって私たちに問いかけたのが松下幸之助なのであった。営利困難な時代、松下幸之助の言葉がさらに光を増している。

8 杉本清――流星系

（すぎもと　きよし　1937 - ）

一九六〇年代、先輩が仁川（宝塚）に住んでいた。その家をはじめて訪れたときの情景をいまも忘れられない。

夕暮れ時、ちょうど駅前に降り立った私の方にドドーッと人並みが押し寄せた。誰の顔も暗い。剣呑だ。殺気立っている。阪神競馬場ですった人たちの長蛇の列だ。競馬は家族を泣かす半端もんの世界とみなされていた時代である。

しかし、大阪万博が過ぎ、一九七〇年代にはいると、競馬は見るスポーツの仲間入りをするようになった。ＴＶ実況のおかげである。その成功の最大の功労者は、一度も馬券を買ったことのない私の見るところ、杉本の右に出るものはいないのではあるまいか。

杉本清、大和高田市生まれ。当然、言葉に癖があって荒かっただろう。その杉本が、関西大学で放送研究会に入り、アナウンサーを志したのだから面白い。しかし、石見の国（島根県）出身の森鷗外が素晴らしい日本語を書いたのだから、不思議なことではないのだろう。関西テレビに就職、最初はアルバイトの身分だった。

杉本が一本立ちして後、私に忘れることのできない最初の実況レースは、一九七六年、春の天皇賞、三二〇〇メートルの長丁場だった。天才福永洋一が騎乗する無印の小型快速馬エリモジョージが大逃げ。マラソンランナーが五キロメーターから独走で、一〇〇〇メーター以上リードして逃げ切ったのと同じ。まるで放送のしようがない。エリモジョージの連呼また連呼。しかし、杉本の流れるような美声が轟いたのはこのときからだったのではあるまいか。この人のテンポ、速いのに、余裕があるのだ。絶叫しない。

これ以降、Ｇ１レースの関東開催は興味半減、三分の一減ということになった。杉本がしゃべらないからだ。

関西、野球は阪神、そして競馬はテンポイント。もちろんこの馬より強い馬はいる。しかし、この馬以外に眼中にない放送をやり続けたのが杉本である。四歳時、皐月賞でトウショウボーイに完敗、骨折。五歳時、復帰して、春の天皇賞に勝ち、秋のグランプリ有馬記念では宿敵トウショウボーイを破った。

「中山の直線を流星が走りました。テンポイントです、しかし、さすがにトウショウボーイも強かった」このテンポイントが翌正月のレースで骨折、帰らぬ馬となった。

現在、競馬は完全に茶の間の花形になっている。健全なギャンブルである。ギャンブルで、日本発のパチンコをのぞいて、世界水準の娯楽になったのは、競馬以外にないだろう。たしかに武豊をはじめとする若手スター騎手の登場も大きいことには違いない。しかし、徹底的に名人であって、しかも一〇〇パーセント俗受けするこの一人のアナウンサーが現れなかったら、競馬界はまだまだとげとげしい影を落とす部分社会のまま終わっていたのではないであろうか。

9 出口王仁三郎――巨人系

（でぐち おにざぶろう 1871-1948）

老ノ坂峠は山陰道から京都に入る唯一の口である。ここを通って無数のドラマが演じられた。亀山城を出た明智光秀の軍が京の本能寺を襲ったのが一五八二年のことだ。同じ口を反対側から、一九三五年一二月、一八台のバスに詰め込まれた警官が越えた。第二次大本教弾圧である。亀岡と綾部にある大本教の施設は徹底的に破壊され、封鎖された。規模において信長の比叡山焼き討ちに匹敵する弾圧だといっていいだろう。

この大本教を率いたのが出口王仁三郎である。一九〇〇年、開祖出口なおの末娘すみと結婚し、大本教の布教拡大に無類の手腕を発揮した。現在なら当たり前のことだが、機関誌等を発行するために自前の印刷所をもった。そのうえ朝日、毎日に匹敵する勢いをもった大正日日新聞を買収する。マスコミ対策だ。長髪異風の大道布教隊を組織する。ミニコミ対策といえようか。華やかな知識人、ジャーナリストとの交流があった。「大正維新」を唱え、世直し運動を展開する。等々、王仁三郎のカリスマ的性格もあいまって大本教は一挙に全国化したのである。

王仁三郎は一種の「奇行」家として知られる。保釈中に満蒙にわたり内外蒙古独立軍創設に挺身するなどということからも明らかなように、「東亜経綸」を掲げる国士でもあった。

また堂々と女郎を総揚げするなどという宗教家としてあるまじき行為にまで及んでいる。しかし、彼は、独特の美の使徒である。美は乱調にありというように、彼の美神は変幻自在、自由闊達である。ただし、乱調は卑俗に走りがちだ。彼はその一歩手前で踏みとどまっている。つまりは大衆が理解し、享受できる美なのだ。

彼は美の観賞家よりは、創造者であり、その力によって大衆の感情を揺さぶる扇動者である。書、画、彫刻、陶器、短歌をこともなげにひねり出した。だが、女性美を讃える論にあるごとく、彼の美質は何よりも理と情をかねそなえた修辞力あふれる文章にあらわれている。

王仁三郎は皇道大本を唱える国粋主義者である。東亜経綸を訴えるアジア主義者である。同時に、彼の真骨頂は、地球主義、人類同胞主義にある。大本の根本思想に「万教同根」がある。これをいうのはやすい。実践するのはなまじのことではない。

大本は世界宗教連合会を一九二五年に設立する。これは頓挫した。戦後すぐこの運動は再開され、一九五五年、宗教世界会議が開かれた。長年の悲願がここに一里塚を刻んだのである。

それと、大本といえばエスペラントと響くほど、この人工国際語の普及拡大に大本教は勢力を傾けてきた。単に普及を援助したのではない。大本教徒が先頭を切ってエスペラント語を組織的に習得したのである。全文エスペラントの雑誌『オオモト』が刊行されてきた。

王仁三郎はエスペラントを、ひのもと日本を越えてゆく大本教の有力な武器に鍛え上げようとしたのである。

10 梅棹忠夫——独創系

(うめさお　ただお　1920-2010)


梅棹忠夫はたくさんの顔をもつ国際派学者である。梅棹を「文武両道の人」といったのは、たしか井尻千男ではなかったろうか。もし国立民族学博物館創設等に示した梅棹の組織(政治)力があれば、一国の宰相も務まる、というのが「武」の含意である。

私などは、もし人文社会科学系でノーベル賞をもらう日本人最初の人は、梅棹ではあるまいか、と密かに思ってきた。しかし、そういう気配はなさそうである。それとも関係するが、日本人、日本社会、日本学会の通弊として、日本人の独創的な研究をきちんと評価する気風がないことがとても残念だ。梅棹に社会科学上の三つの独創があるから、特にこれをいう。「科学」というからには世界に通用する業績である。

第一に、文明の生態学である。第二に、遊牧起源論である。第三に、情報産業論（情報社会論）である。一つだけでもすごいのに、三つである。そして、社会科学上の仮説は、発表当時の大げさな身振りや反響に反比例して、時のたつとともにがらくたであることが判明し、投げ捨てられてゆくのにたいし、梅棹の場合、三つとも、ときの経過とともに実証性がまし、むしろ自明の常識とみなされるようになったのである。ところが、第一は梅棹の業績として認定されているものの、第二は誰の説ともいわれないままに通用し、第三はアメリカから輸入した論のように大方の人が考えている始末である。日本でも自然科学や技術の方には独創家はいる。しかし、社会科学や思想の方には独創家なんて生まれようがない、という通弊にもうおさらばしてもいいのではないだろうか。

しかし、梅棹の「発見」と「公開」でもっとも影響力大だったのは、「知的生産の技術」論である。

技術は原則として没個性的だ。誰でも、順序をふんで練習すれば、かならず一定の水準に到達できる、という性質をもっている。それは、客観的かつ普遍的で、公開可能である。こういうのだ。つまり、研究や勉強、資料収集や論文作成という知的生産活動は、個性的で、客観性がなく、公開不可能だ、という従来の精神活動論の急所を衝いたのである。

超ロングセラーとなった『知的生産の技術』（岩波新書）は、知識人とよばれた旧人類から冷視、冷遇されてきた。しかし、情報社会である。情報の技術なしにことは進まない。何よりも、コンピュータが、紋切り型の思考ではなく、独創型の思考を生む機械であるということが判明してきた。まだコンピュータ社会到来前に、梅棹の木が情報時代の思考の技術、発想のヒントを満載していたのである。

「武」については、中学時代からの登山、大学以来の探検でつちかった組織力、統率力を錬磨し、抜群の幅と奥行きをもった人間のネットワークを形成する人生があった、とだけ紹介しておこう。詳しくは自伝『行為と妄想』（日本経済新聞社）を見られたい。

11 松田道雄――市井系

（まつだ　みちお　1908-98）

吉田茂が心筋梗塞に襲われたとき、駆けつけたのが日本医師会会長の武見太郎。吉田の甥に当たる。武見は政財文化界の有力者の命脈をとり続けたから、「国手」というのは武見のようなもののことなのだろう、と合点がいった。

武見と正反対をいったのが、松田道雄である。茨城県で生まれ、一歳で京都に移り、京都で死んだ。専門は小児結核である。戦後、松田は市井の人で生きたが、戦前は、非実践的なマルクスボーイで、京都府庁や和歌山県庁に身をおく公職医師であった。

著述家としても一家をなした人で、松田を有名にしたのは『私は赤ちゃん』（岩波新書・一九六〇年）である。新婚家庭の必携書となった『育児の百科』（岩波書店・一九六七年）には、私たちも恩恵を受けた。この「事典」があれば、新米両親でも、ひとまずは安心できた。

私のような道産子から見ると京都人は、「大人」であった。時に熱に浮かされることがあったとしても、すぐ冷めた。万事にクールで、ねばり強い。慎重だ。いい意味の実際人である。松田がそうだった。それに群れたら弱くなることを知っていた。群れる場合も、自己本位を貫くようだった。

松田が町医者として示した手腕と努力には特筆すべきものがある。しかし、ここで強調したいのは、松田の文筆上の功績である。それも、医療や平和・市民運動に関するものではない。

松田は、マルクスボーイにはなった。しかし、ついに組織的主義者にはならなかった。一世風《いっせいふう》靡《び》した福本和夫の『社会の構成並に変革の過程』や河上肇の『貧乏物語』に強い思想的影響を受けたが、福本や河上のように、非合法活動には走らなかった。自分には不可能なこと、と自制した。自立と自制は、松田において一体だった。そういえば、血の気の多い福本も河上も、長州（山口）出身である。

戦後、マルクス主義は「勝利した思想」として凱旋した。太宰治でさえ共産党に一時身を投じた時代である。しかし、松田は、平和運動や市民運動に身を置くことはあっても、戦前と同じように、組織運動からつねに身を離していた。そのかわり、松田は世界に誇りうる一冊の書物を書いた。『ロシアの革命』（河出書房新社・一九七〇年〔文庫版・一九九〇年〕）で、「世界の歴史」の一冊として書き下ろされた地味なものである。

この本は、マルクス・レーニン主義がまだ後光を放っているとき、その後光の裏にある恐るべき実体を剝いだ記念碑的仕事である。カーの『カール・マルクス』（一九三四年〔邦訳・未来社・一九六一年〕）が先鞭をつけたマルクス主義批判の仕事を、日本人すべてにわかるような表現で見事に叙述した。

京都は狭い。しかし、松田の医業は広かった。この人が、と思われるような人が松田の世話になった。そして、松田の文業はさらに広い。

12 林達夫——隠者系

（はやし　たつお　1896-1984）

「大隠は市に隠る」という。小隠は野に隠れる、の対句だ。「清貧の思想」などというのは、さしずめ、隠れることで目立とうとする、小隠のものだろう。

世に思想家はごまんといる。わたしのように、請われると、恥ずかしながら、思想史家です、と名のるものもいる。どう名のろうと自由であろう。しかし、そのほとんどの言は、時代とともに雲散霧消してゆく類のものである。

だが、日本にも、その寸言が人と世を刺し、けっして消えることのない言葉を残した人はいる。右総代が林達夫である。

林は、必要不可欠なとき、それもだれも気づかない（ふりをして）浮かれているときに、忘れ去られている問題の核心だけを、短い言葉でずばりと指摘した。二つだけ引こう。

戦後の社会主義革命は、ソ連軍の「無血入場」を歓迎することで実現する（一九四九年「ちぬらざる革命」）。

日本人は、戦後「占領下」を忘れて、民主主義だ、革命だ、と浮かれている（一九五〇年「新しき幕明き」）。

こうみると、つい最近まで、金科玉条のように唱えられていた、非武装中立という平和主義が、アメリカ軍が出ていき、ソ連軍が入ってくることで社会主義が成立するという、東欧社会で起こったと同じ、努力のいらぬ革命路線であることがわかる。

あるいは、米国の軍事力の下で日本と日本人が生存しているという現実を忘れ、あたかも自律した国家、国民のように振る舞うのは、正真正銘の奴隷根性におちいっている、ということがわかる。

林の専門は、ルネッサンスの文化史の研究で、「洋学派」を名のる。しかし、西欧においつき、おいこす、気概をもった洋学派である。まともな愛国者である。だから、ソ連や中国べったりの社会主義派も、米国べったりの民主主義派も、ともに「独立」の気概のない奴隷精神の持ち主だ、といえたのだ。

ただいま現在、林のように主張するのは簡単だ。しかし、スターリン批判がまだなく、日本が占領下におかれているその時に、林は、静かなしかし断固とした口調で主張したのだ。学会やマスコミの周知する中でではなく、目立たない形でだ。大隠というのはこのことをいう。まだしも、私たちはこういう人が、この日本にいたことを、歴史に感謝しなければならない。

林達夫は、東京に生まれた。父が外交官であったため、二歳でシアトルに移り、六歳のとき帰国。八歳で父がポンペイに赴任したため、福井の親戚に預けられた。一二歳のとき両親が帰国、京都に移り、京都一中、第一高等学校（東京）中退、京大文学部哲学科（選科）と進む。二六歳で卒業、結婚して、後、神奈川県の藤沢に住んだ。

しかし、その時流に向かわず、言いたいことだけを言うという姿勢は、京都人特有のものである、というのが私の意見だ。

13 今東光――回転系

（こん　とうこう　1898・1977）

かつて「文学青年」というと、放埒《ほうらつ》ということであった。

今東光は、一九三〇年に出家するまで、まさに放埒のかぎりをつくす生き方をしたといっていい。横浜に生まれたが、日本郵船の船長であった父の移動にしたがって、小学校は函館弥生、小樽手宮、横浜老松、大阪偕行社付属、神戸諏訪山、神戸と転校し、中学は関西学院退学、豊岡放校になる。その略歴を見ると、むしろ、放埒な少年が長じて、文学青年になった、といった方がいいかもしれない。

いったん「文藝春秋」によって新進作家の地位を築いたが、菊池寛と決別、左傾化し、プロレタリア作家同盟に入った。昭和四（1930）年のことだ。しかし、翌年「転向」し、出家して、天台宗延暦寺に籠もった。法号春聴。それ以降、文壇から離れる。

一九五一年、大阪府八尾市の天台院住職になったのがきっかけで、河内の歴史と風土をいかした小説を書きはじめる。そして、茶道誌『淡交』に連載した「お吟さま」で一九五六年度下半期直木賞を受賞して、文壇に復帰、華々しい活躍を再開した。

私がちょうど大阪に住みはじめた六〇年代、スクリーンで踊っていたのが、『悪名』の絶妙なコンビ、勝新太郎と田宮二郎である。その原作者が今東光だということであった。のちに、TVのブラウン管を通して出会うこととなったその魁偉《かいい》な容貌と傍若無人としか聞こえなかった河内弁で、これが僧侶なのか、これが関西弁の「原型」なのか、と驚かされた。

ところが、である。これはずいぶん後になって知ることになったのだが、今和尚は、一九五六年一月、中外新聞の社長になり、五八年から同誌に連載された司馬遼太郎「梟のいる都城」(のち「梟の城」と改題)を強くおした張本人のひとりであったのだ。今が司馬を一貫して推挽した内容については、『司馬遼太郎全集 53』(第三期・文藝春秋)の月報で山野博史が詳しく書いている(「発掘 司馬遼太郎」(三))から、それにまかせよう。

しかし、もっと驚いたのは、毒舌今和尚が少青年時代、当時の写真はそうとう修正が加えられたという歴史事実を持ち出したいほどに、美少年、美青年であったことだ。以下は、私の「仮説」である。

オーソン・ウェルズは肥満体である。しかし、容量が増えただけで、青年期の客気を残したままだった。だらしない。開高健は、肥満体になった。少青年期の面影を寸分も残さない見事な変身であった。しかし、危うい精神は残したままだった。今和尚は、青少年期の肉体と精神の残滓さえも垣間見せないほど見事に変容した。「回転」した。素晴らしい。

関西人がシャイなのは、自分の生身や出自を裸形でさらすことに対する「恥ずかしさ」からではなかろうか。価値意識、美意識である。今東光はその典型を生きた、というのが私の想いだ。

14 淀川長治――向日系

（よどがわ　ながはる　1909‐98）

人間は環境の産物である。しかし、この言葉は、A環境からaが生まれる、という単線思考を意味するだけではない。Aから非Aや反Aも生まれるのだ。

六〇歳間近の父と、先妻の妹の娘で人質同然のように迎えられた母との間に、跡取り息子として生まれた。成功者の家に生まれた父は色街に浸る人生を送り、晩年は零落する。息子は、学業よりも映画を好み、大学を「中退」し、生涯独身で、映画と結婚する人生を送る。淀川長治である。おそらく古今東西、こんな映画好き、映画通は現れないだろう。

現在はそんなことはなくなったが、少なくとも七〇年代まで、映画館に入り浸る少年は、ちょっと以上に「不良」であった。映画は、子供が見てこそ面白いものだったが、それは「大人」の世界を描いているからだ。公序良俗の世界ではなく、欲と悪と闇がせめぎ合う世界である。

しかも、映画館は、暗く、無言で、無記名な、徹底的に孤独になることができるプライベートな世界であった。定期試験で下校が早まるとき、こっそりと安い映画館に身を沈める経験を味わった人が多いのではあるまいか。

俳優は別として、映画人は暗い。意識的に、暗い影を見せる。あの健康優良児のようだった黒沢明も、画面やテーマでは暗さを強調した。ところが、淀川さんがブラウン管で示す映画人としての顔は、徹底的に明るい。

淀川さんは、なるほど、自分はエゴイストで、暗く辛い人生の味をたっぷりと味わい、贅沢にまみれてきたがゆえに、最愛の人をもつことなく独身を守り、ひたすら明るい面を見つめ、余分なものをもたない人生を歩んできた、と語る。しかし、そういう淀川さんのどこからも、独りよがりで、陰惨な、素寒貧の姿が見えてこない。

淀川さんの価値観は、「良い悪い」ではなく、「好き嫌い」である。道徳律ではなく、美意識だ。これはまさに映画の価値観そのものである。しかし、淀川さんは、「好き嫌い」は突き詰めると「良い悪い」と重なってくる、という言い方をした。この価値観は、論理的帰結ではなく、淀川さんの体験から生まれたものだろう。

淀川さんは、ちょっと気障《きざ》と思えるほど、気取っていた。ところが、大衆を惹きつけるある種の泥臭さをもっている。この「体臭」はどこから生まれたのか。淀川さん自身がこう語る。

関西では、たとえばうなぎ丼のように、たれをかけて蓋をしてひっくり返し、しばらくして、またひっくり返してから食べる。こうするとダシが下まで染み通る。じつに泥臭い。だが、「好きなものを好きなように食べる」が関西の粋だ、と。

映画を、縦横斜めからなめまわす人生を生きた淀川さんは、神戸生まれで、一八歳で関西を離れるが、関西人の粋、数寄を通した人でもあったのだ。

15 横溝正史――迷推系

（よこみぞ　せいし　1902・81）

『東西ミステリーベスト100』（文春文庫）がある。順位はミステリー作家や愛好家によるアンケートによって決定された。日本篇の一位が『獄門島』、七位が『本陣殺人事件』である。ともに横溝正史の作品だ。ちなみに、十位が高木彬光の『刺青殺人事件』。

私の貧しい探偵小説の世界は、横溝の第二の処女作『本陣殺人事件』と高木の処女作『刺青殺人事件』から始まった。二作品とも、敗戦直後に発表され、舞台も敗戦の混乱期で、一方は複雑怪奇な、もう一方は単純卓抜なトリックでおどろかせた。

横溝正史は神戸市東川崎の薬種商の家に生まれた。父親は鉄工所の支配人をしていた有力者であった。大阪薬学専門学校まで行ったが、探偵小説中毒で、雑誌『新青年』の熱心な投稿家から、上京、新青年の編集長に進み、遅筆の江戸川乱歩に『陰獣』を書かせるなどの敏腕を振るった。しかし、探偵作家としての本格登場は戦後である。

ご存じ金田一耕助探偵は、『本陣殺人事件』で初登場以来、いまでもＴＶで活躍している。最初に映画で見たとき、片岡千恵蔵が扮して、拳銃片手に暴れ回るのには、面食らった記憶がある。金田一は拳銃はおろか、果物ナイフも持たないのだ。

横溝正史のミステリーは、一見して、悪霊が跋扈《ばっこ》するおどろおどろした世界に見える。しかも、主舞台が僻地山村であり、孤島だ。ほとんどが「血」（遺伝子？）にまつわる運命悲劇である。特に仰天したのは『八墓村』で、さすがに一人が一度に殺害した数で世界記録をもっていた津山事件（昭和一三年、三〇人殺害二人重傷）をモデルにしただけあって、すごい迫力だった。

ところが、金田一耕助は、洋行帰りで知的な点では、江戸川乱歩の明智小五郎探偵に似ているが、徹底したヒューマンな人間で、フェミニストである。おどろおどろしたところは少しもない。しかも、横溝のミステリーは、犯人がすぐわかるようにできているのである。登場人物の中でいちばん美しい女性なのだ。問題は、犯行の動機と手口の解明である。それもじゅうぶんにトロイのだ。この点、姿形が似ている刑事コロンボの切れ味鋭い明察と違う。もっとも形姿は、コロンボの方が似せたのだろうが。

神戸育ちは、今東光や淀川長治にも共通するように、どんなに泥臭く演じても、スマートなのである。おぞましい舞台をしつらっても、ハイカラさが消えないのである。正確にいえば、ご本人たちが、消えない、と思っている。たいした自信だ、といったら嫌味に聞こえるかもしれないが、感心してのことである。その自信がなければ、『悪霊島』など書けなかっただろう。横溝が、伊賀の名張出身の乱歩と質的に違うところだ。

横溝のミステリーは、売れた数からいえば、七〇年代後半に大文庫本ブームを巻き起こしたとはいえ、松本清張にはるかに及ばないだろう。清張はミステリーを大革新し、読者を大拡張したからだ。しかし、松本の作品で「ベスト100」に登場するのが、一五位の『ゼロの焦点』が最初である。横溝が、日本のクリスティーといわれるゆえんである。

16 福沢諭吉――実力系

（ふくざわ　ゆきち　1834-1901）

関西には、日本という枠組みには収まらないスケールの大きな人がいる。江戸・東京人が、権力のシステムを許容するにせよ拒否するにせよ、国家権力、つまりは日本国家の枠組みを中心にものを考えたり行動したりする度合いが強くなるのはやむをえないであろう。この点、大阪・神戸人は、東京経由ではなしに、直接、日本内外と「交通」（コミュニケーション）するという伝統がある。

福沢諭吉は、そんな地球人としての関西人を代表する頂点に立つ一人だ。慶應義塾を創設した福沢を関西人というと、奇異に感じる人もいるだろう。しかし、生まれはまさに大坂である。二歳で父が亡くなったため、大分の中津に戻ったが、二〇歳で学問の心おさえがたく、大坂の緒方洪庵の適塾に入門した。納めるべき授業料さえない素寒貧だったため、内弟子ならぬ内塾生で、まもなく塾頭になった。

福沢諭吉は、人も知るように、『学問のすゝめ』の冒頭に、「天は人の上に人を造らず人の下に人を造らずと云へり」という人間平等宣言とでもいうべき言葉を記した。しかし、この言葉ならびに『学問のすゝめ』の主意は、諭吉が適塾で学んだ、門地門閥をまったく考慮しない、徹底した自由競争による実力主義を前提にしてのものなのである。昨今の、競争はいや、差別は許せない、あれもこれも同じでなくては駄目だ式の人権主義とはおよそ異なった趣旨のものである。

諭吉は、生涯、薩長政権＝明治政府の招きに応じず、政権から距離をとり、政権を激しく批判さえした。そして、日本の意識と文化がどれほど西欧から遅れているかを力説した。しかし、諭吉は、西欧に学べ、日本は遅れていると日本と日本人を叱咤激励したが、大部な諭吉研究書をもつ戦後民主主義のチャンピオンである丸山真男のように、日本と日本人を侮蔑する言辞に終始した反日本論者ではなかった。「一身独立、一国独立」という言葉に、諭吉の全メッセージは集約されているといっていい。

私は、諭吉が適塾で学んだ年頃、大阪の下町の下宿屋で、はじめて『福翁自伝』を読んだ。じつに面白くためになる本だが、いちばん共感したのは、諭吉が直すことのできなかった唯一の悪癖、酒害について綿々とぼやいているところだ。しかし、私からいわせれば、人間どこか抜けているところが最低一つはなければ、周囲もやっかいだし、自分も息苦しくなるのではないだろうか。諭吉が深夜、一人で杯を傾けながら、酒を飲む暇があったらもっと有意義なことができるのに、とぼやきながら、そのぼやき自体を楽しんでいる風情を想像するのは、じつに楽しいのである。

ぼやきは誰にでもある。自分をぼやきの対象にするのもままある。しかし、自分をぼやいて、自ら楽しむというのは、いかにも関西風ではなかろうか。しかも、いかにも堅く、ぼやきから遠かった諭吉がそうするのである。これ、余裕の精神の現れだと思いたい。

17 三木清──田舎系

（みき　きよし　1897-1945）

第二次世界大戦後、哲学の価値がどんどん下落してきた。正確には哲学者の居場所がはっきりしなくなった。哲学者を名乗るものはいるが、個人的意味しかもたなくなった。戦前は逆で、哲学者の社会的位置が異常に高かった。京都学派といえば、西田幾多郎を総帥とする哲学集団を意味した。その中でももっとも絢爛豪華というか、あれもありこれもある、という生き方をしたのが三木清である。

三木はつねに「田舎者」を任じていた。事実、兵庫県は揖保《いぼ》郡揖西村、現在の竜野市に生まれた。しかし、三木は自意識の塊というような人間であった。その三木が「田舎者」と自己卑下する表現は、矜持なのである。実際、三木は、すべてにおいて、一番、中心、最先端であらねばすまない、という気質を顕わにして生きた。しかし、こういう性格で、豊かな農家の長男として生まれ、なに不自由なく育ち、しかも一頭地を抜く能力も意志ももった人間は、総じて不幸な人生行路をたどるべくして運命づけられていたのかもしれない。

竜野中学では、文学の疾風怒濤時代。一高に進んで、西田の『善の研究』を偶然読み、これこそ我が師である、として京大に進む。西田の後継者は自分であらねばならないと留学し、当時最先端の思想であった実存主義とマルクス主義を携えて帰国する。しかし、京大に三木の席は残されていなかった。ならばと、アカデミズムと訣別をはかり、雑誌『新興科学の旗のもとに』を発刊し、マルクス主義哲学の寵児を演じた。ところがそれとは知らずに共産党へ資金援助をして検挙され、刑務所に入っている間に、共産党から激しい批判を受け、マルクス主義運動から身を引く。その後、一転して、近衛文麿の「昭和研究会」に参画し「東亜共同体」論を展開する。しかし、敗戦濃厚な時期、かつてのコミュニスト仲間をかくまい、治安維持法違反で四五年三月逮捕、終戦後の九月二六日、獄死。

おそらく三木清ほど、自分が望むところのものを手に入れようとして、できず、すべてを未完のままに終わらせた思想家も珍しいのではないだろうか。トップランナーたろうと身を乗り出したが、つねに登場が遅すぎた孤独のランナーであった。遺稿が「親鸞」であり、西田哲学の乗り越えをはかった最後の主著『構想力の論理』も未完に終わった。

しかし、翻ってみるに、なべて「完成」などないのである。現に生きている社会の灼熱した現実問題に我が身を焦がすように生きる、可能なことはそれに尽きる。野望と挫折、高揚と虚無の繰り返しだったとはいえ、三木は己に正直に生きたのだ。三木は、「田舎者」と自分を語った。そのために、人が顔を背けるほどの嫌味なスタイルで生きた。「粋」の正反対でことに臨んだ。エリート意識丸出しで人に接しもし、ものを書いた。林達夫は、万感の哀惜を込めて、三木の唯一の独創は、ペン書の風変わりな書体であった、と追悼した。こういう小三木に、関西で何度か会った。鏡を見るに、自分も極小三木であった。

18 日下公人——独歩系

（くさか　きみんど　1930-）

日下公人、「くさか・きみんど」だが、普通「こうじん」といわれている。兵庫県生まれ。東大経済学部を経て、日本長期信用銀行にはいる。同期に、竹内宏がいるが、日下より数カ月年長。同じ分野を歩いてきた。竹内が『路地裏の経済学』なら、日下は『文化産業新地図』と、二人とも意表をつくエコノミストの切れ味を示し続けている。そして年齢の差そのままに、つねに竹内は日下の一歩前を歩いてきた。日下は決してことを荒立てない。竹内の前に出ようとしなかった。ところがどうして、何が幸いするかわからない。ご存じのように長銀は「破綻」の憂き目にあった。竹内は、長銀総合研究所の理事長、やはりのこと「破綻」の弁解をし、恨みがましくいわなければすまない性格らしい。日下は自ら開いたソフト化経済センターの理事長。長銀破綻などと一度も口に出さないで、日銀券を信用していいの、紙屑になると思わないの、などと恐ろしいことをすっと言ってのけているのである。日下は独歩の人なのだ。

『新・文化産業論』（一九七八年）いらい、日下の本はずいぶん読んできた。はっとするものばかりだ。その発言は、こんな大事な材料を、いとも簡単にいってしまっていいの、もったいいなくないの、といいたくなるほど、卓論名言に満ちている。日下辞典があってもいいだろう。

この人の議論には、私憤ばかりか、嫉妬のひとかけらも感じられない。この点で、エコノミストとしては稀有な存在だろう。空前絶後かもしれない。それに威張るところが全くない。公達が下世話なことに打ち興じて乱れない、という風なのである。

しかし「公人」である。どんなに柔らかくいっても、私人の法螺話とは違う。リフレーンではない。つねに新鮮だ。内容はハードで、ストロングマンのそれだ。『人間はなぜ戦争をするのか』（クレスト社）や小室直樹との対談『太平洋戦争こうすれば勝てた』（講談社）などは、なまじの人が書いたなら、際物本になりかねないテーマだが、内容も論じ方もじつに正攻法なのである。正面突破ということだ。「開戦前、なんと日本に石油は十分あった」といわれたら、あなたならどう反応するだろう。「あんな無謀な戦争に突入して」などと簡単にはいえないのである。

それに語り口が何ともいい。文の人だ。平俗調で短くシャープに論を畳む。気張りがなく、聞くものの感情の襞に染み通るような話をする。日下は、生来が教育者なのか、日本人の欠点を熟知しているが、それを言い募ってなにごとかを主張しようとしない。欠点の是正法をかならず提出する。提言屋さんだ。それに励まし屋さんだ。励ましにも二種類あるが、お節介ではなく、こうすれば糸口がつかめますよ、とそっとお勧めする。そして、勉強ぶりを決して見せない。こんな気配りのいい関西人は少なくなったのではないだろうか。

19 栄陽子――豪傑系

（さかえ　ようこ　1947-）

田辺聖子（大阪福島）、河野多恵子（大阪西道頓堀）、有吉佐和子（和歌山）、富岡多恵子（大阪西淀川）の作品にいくぶんなりとも目を通した一人だが、その作品とは別に、彼女らはその人生の軌跡を横目で見るだけでも興味津々たる豪傑揃いである。

共通するのは、男勝りの胆力ではなかろうか。といっても、アーム（腕）ではなく（ヘッド頭）の力であろう。頭といっても、言葉の力であって、ちょっとソウル（霊）に近いものだ。例えば、きついことをきつくいうのが有吉で、そこに凛とした緊張感が走って、常人を蹴散らす。きついことをはんなりというのが田辺で、常人を引きつけるが、後からじわーっときいてくる。

男勝りの胆力といえば、正真正銘の人がいる。アメリカの大学留学へのカウンセリング、斡旋、アフターケアを扱うエージェント会社、栄陽子留学研究所を主宰している。送り出した留学生は五〇〇〇人。とにかく身も心も大振りな人だ。

留学斡旋業というのはいまではごく普通のビジネスになっている。ところがこの人、単身アメリカ留学を終えてすぐ、一九七二年、二五歳の時、東京で留学研究所を開設してしまう。この業界の文字通りのパイオニアであった。ということは、前例なし、未経験、しかも金主に逃げられて資金ゼロの状態から、まったくのお嬢さん商売が始まった。ところがこの人のすごいのは、やったら最後、虚仮《こけ》の一念というところ。成り立ちゆくためにはコネであろうが親の懐であろうが、七光りであろうが、全部動員して、事業を軌道に乗せてゆこうとしたところだ。そのバイタリティたるや、まさに男を蹴散らす勢いだ。

しかし栄の一番の力は信用力、つまりは人間関係の力であろう。最も力を注ぐのは、クライアント（留学生）を親身で世話するスタッフの充実と、受け入れ先との連携である。送り出せば、ビジネスになりさえすれば、グッドというのではない。

カウンセリングの基本は、留学生に無理なく卒業できる大学学部の紹介だ。一寸背伸びすれば「有名」大学に留学できるだろう。しかし、卒業は至難である。アメリカの有力大学は授業料が高い。授業が厳しい。有名ではなくとも、高額で有力な大学を勧める。そういう大学は予備校並に激しい勉強を課す大学だ。留学の成果はぐんと上がる。栄は、留学して英語がしゃべれる程度になるならばよし、とする留学生をターゲットにしない。

したがって、栄の留学研究所のカウンセリング料は標準よりかなり高い。それだけの見返りがある、と自信を持って算出した額だからだ。日本では、相談はタダ（ボランティア）だと思っている人が圧倒的に多いが、情報社会である。情報こそが代価を生むのだ。

栄はモーレッ人間だ。やるなら一番になる、といいきる。これが、奈良市生まれで帝塚山女学院出身のお嬢さんだというのだから驚く、といいたいところだが、本当のお嬢さん育ちには、負けん気の強い、底力のある人が多い。関西人特有の、有言実行型といってもいい。

20 谷沢永一――書物系

（たにざわ　えいいち　1929－2011）


論争の鬼、といわれる人がいる。恐ろしくいけずのような人に違いないと想像すると、当てが外れる。細身で柔和で下駄履きの人、と言えばいいか。吉本隆明がそうといえよう。しかしその吉本をさえまったく寄せ付けなかったのが谷沢永一だ。

論争家谷沢の軌跡は天王寺中学時代に始まる。学校の先生全部を敵に回した「たった一人の言葉の戦争」で勝利する。大学時代、「神経衰弱の猟犬のような男」（開高健）と恐れられた。学者になれば、日本近代文学会の主流多数派を相手に連戦連勝を重ね、蛇蝎のように嫌われた。匿名書評コラム「紙つぶて」で内容空疎、時代錯誤の権威主義的痴呆文を槍玉にあげ、閻魔さまに引き渡すがごとき所業を敢行した。ノーベル賞作家や文化勲章受章者の国益離反・有害無益な言説を万人にわかるような形で批判している。私も愛読者の一人であるが、もし自分が谷沢の批評対象になったら、と考えるだに血が凍るような論をすすめ続けてきた。

しかし、その鋭い穂先に続く長い槍を握っている手は、柔らかく温かかった。駆け出しや在野の不遇な人に過褒と思えるような声援を送り続けた。徒党を組んで声の大きさや陰湿な脅迫で相手を押しつぶすなどという蛮行から一番遠いところにいる。対面すると緊張が自然とほどけてゆく雰囲気を持している。物と人と言葉にこだわって、物と人と言葉の奴隷にならない生き方を示し続けている。大学という狭い世界に盤踞してきたのに、「人間通」という言葉ほどこの人にふさわしいものはないと感得させられる。

パスカルは「人間は考える葦である」といった。人間は宇宙と比べると塵芥のように卑小な（弱い）ものだ。しかし、その人間は、思考（考えること）のなかに全宇宙を取り込むことができるのだ。思考（包含＝理解）することで人間は宇宙と同じ偉大さ（強さ）に達する、というわけだ。

谷沢が論争に強いのは、鬼や猟犬や偏屈だからでは断じてない。書物の人だからだ。世界と日本で、谷沢よりたくさん本を読んだ人はいるかもしれない。しかし、書物の世界のなかで、遊び、楽しみ、もがいて、森羅万象、魑魅魍魎を存分に味わった人で、谷沢の右に出る人はいないのではあるまいか。書物（言葉＝思考）の世界にすべてがある、と谷沢はいっているようなのだ。これ、パスカルと同じ態度である。

しかも、谷沢は、本を読むことで人は偉くなるのではない。一冊も本を読まなくとも、人は賢くなる、知恵を持つことができる。逆に、本を読むことで尊大かつ馬鹿になる人は少なくない、世界と人間を正確に見ることができなくなるからだ、と喝破する。

「人間通」という言葉は司馬遼太郎の造語であるらしい。『人間通』（新潮選書）を書いてベストセラー作家の仲間入りをした谷沢が、司馬文学の発見者であることは、しかし、案外に知られていないのではあるまいか。

21 堺屋太一――自若系

（さかいや　たいち　1935－2019）

大阪にひさしぶりに「大物」が誕生した。経済企画庁長官の堺屋太一である。

大物というのは、泰然自若としている。物怖じしない。小さなことに神経を使わない。クールである。しかし、そういう人はどこか他人を遠ざけるところがある。ところが、あの風采である。

嫌味がない。エリートではあっても、「超」ではなく、身をもって仕事ができる。泰然ではあるが、拙速をきらわない。それに、上からどやすような説教癖が少しもない。大物ブリは、したがって、付け焼き刃ではなく、生来のものと思われる。

それもそのはず、「堺屋」はペンネームだが、もともとは屋号で、ご先祖は堺で貿易商を営んでいた。秀吉が大坂城を築いて町づくりを始めたとき、堺から呼び出され、後に両替商を営む。その一四代目が堺屋さんで、本名は池口小太郎。

その大物ブリの最たるものを先日かいま見ることができた。TVの公開討論番組である。堺屋さん、「チカかくめい」を連発した。よって、進行役の竹中（慶大教授）さんと対論者のクー（野村総研主任研究員）さんもなんどか「チカ」といわざるをえない。参加者と視聴者の多くは、なんのこっちゃと思っただろう。

堺屋さんの処女作は、通産官僚時代の『油断！』で、『団塊の世代』とともに見事なキャッチ・コピーとなって定着した。エネルギー問題と「世代」問題を一語で表出する凄腕だ。しかし、「ジダイ思考」や「日本カクシツ」はいただけないし、「チカ革命」はもう一つ。「満足化社会」は明らかにパクリだろう。「次代」「革質」「知価」はどうみても「時代」「確執」「地価」だろう。

しかし、この大物は、「知価革命」、「知価時代」をすでに万人承知のビッグネームとして使って、照れも動じもしないのである。それも大臣の肩書きでである。もちろんこれは堺屋長官を貶めていうのではない。

いいときに小渕内閣も人をえたものだ。堺屋さん、役人時代、大阪万博などのビッグイベントをことごとく成功に導き、退官後は、小説や評論でつぎつぎとヒットを飛ばし、しかも時代の急激な変化にも対応してきて、少しも使い減りしていないからだ。なによりもいいのは、この人が相当過激なことを言っても、そうとは映らないことだ。反発よりも、「ああ、そうか」と思わせしめる度合いがうんと大きいのである。

「夜明け前の直前が一番暗い」、「明るい兆しが胎動している」、事実はこういう他ない苦しさから出てくる言葉なのに、一生懸命なのだな、という妙な信頼感が伝わってくるように感じられるから、不思議だ。

政治だって、経済だって、言葉が肝腎で、関西は、元来が言葉の社会である。関西の地盤沈下は、その言葉の力の減退にあるのではないか、と私はつねづね思ってきた。谷崎潤一郎は、関東大震災後、関西に居を移すが、谷崎文学が花開くのと関西言葉とは無関係ではなかったのだ。

22 阪本勝――熱魂系

（さかもと　まさる　1899-1975）

大正時代の学生の愛読書をあげるなら、最右翼に倉田百三『出家とその弟子』（1917）が、最左翼に高畠素之訳・マルクス『資本論』（1920）がある。これにキリスト教的な博愛主義、例えば賀川豊彦『死線を越えて』（1920）を加えると、大正教養主義の大まかな説明がつく。

戦後の革新知事の草分けの一人であった阪本勝兵庫県知事（1954-62）も、この大正教養主義の洗礼をもろに受けた一人であった。人は阪本を指して文人知事といった。文人や学者知事は、近くは石原慎太郎東京都知事、長洲一二神奈川県知事など枚挙にいとまがない。あれもいればこれもいる。しかし、他力の仏教と、自力のマルクス主義、博愛のカソリックという、一見してほとんど相容れないイズムをあわせもち、しかもそのいずれにも属さず、自由奔放で、自らは独立独歩といい、他からは独断専行といわれた個性的な政治を展開したのは阪本をおいて他にないのではあるまいか。

阪本は尼崎市出身で、父は眼科医、母方は天満で酒造業を盛んに営んでいた。北野中学から旧制二高（仙台）に土井晩翠を慕って進み、東大（経）を卒業した。典型的な秀才コースを歩いたわけだ。しかし、教師や毎日新聞記者、関西学院大講師時代は短く、後に阪東妻三郎によって制作演出された処女戯曲『洛陽飢ゆ』（1927）を刊行後、最初の普通選挙法にもとづく地方選挙で、日本労農党公認で兵庫県議に初当選し、その後、衆議院議員になる。

政治家になることは阪本にとってもっとも嫌悪すべきことだった。政治を商いとする政治屋は利権によって無私と独立自尊の精神を奪われるからだ。その固い決意を翻させたのは賀川豊彦の「社会という生きた本を読め」という言葉である。戦後公職追放になるという苦難時代を経て、五一年尼崎市長に当選した阪本がすぐに着手したのが、防潮堤の建設と蚊の駆除である。

尼崎はかつて大企業というより中小零細企業の吹き溜まりで、いまでいう公害の町であった。それに、自然の「災厄」が加わった。大阪湾の最奥に位置し、工場の地下水の汲み上げで地盤沈下が続いたため、毎年押し寄せる台風の高潮の攻撃にあった。それに、武庫川の東はもともと低湿地帯で、大量の蚊が発生した。高潮と蚊の攻撃を防ぐことで、住民の生命と財産を守り、健康な生活を保障する行政の本義を示したわけだ。

阪本で逸してはならないのは、パリで夭折した天才画家佐伯祐三（1898－1928）に対する友情である。二人は北野中学で五年間同じクラス、絵心もあった阪本は佐伯に強い影響を受ける。自らパリに赴き、死の真相を探索した阪本は、佐伯を「純粋で無垢で、一本気で、まじりけのない一個の個性であった」（『佐伯祐三』一九七〇年）と書く。それは政治家阪本にして失いがちな自分の魂（個性）の奥所を表白しているといえるだろう。

23 司馬遼太郎（1）——世界系

（しば　りょうたろう　1923－96）

私事に及ぶが、人の縁の不思議さは、予想を超えている。

一九六〇年、一八歳、私が大阪にはじめてやってきて、開高健描くところの『日本三文オペラ』の舞台となった陸軍造兵廠跡の杉山「鉱山」の鉄骨残骸を見ての感触がなお瞼の底に残っている。

一九七五年、はじめて定職をえて住んだ伊賀上野で、司馬遼太郎の出世作『梟の城』の幕開きの場所、御斎峠《おとぎ》を足下にしたときの静かな驚きが甦る。眼下に葛籠重蔵が赤土を踏んで現れたのだ。

一九七七年、東京からの帰り、手にした谷沢永一の処女エッセイ集『読書人の立場』を読んで精神の背骨が折れるほどの痛棒を食らった。その時、谷沢こそ開高の無二の文学親友であり、司馬文学の「発見者」であるらしいことを知った。

一九八〇年代に入って、未知の谷沢がド素人の私に物書く道を用意してくれた。『司馬遼太郎。人間の大学』などさえものしてしまったのである。そして一九九八年、『梟の城』(原題「梟のいる都城」)が連載された「中外日報」の編集者に、札幌はススキノの場末で偶然に会って、この連載の打診をされたというわけだ。

司馬遼太郎は典型的な関西人である。大阪に一番密着して生きていたが、京都山城にも奈良大和にも兵庫播磨にも心と身を寄せていた。東京、あるいは関東からいちばん遠い生き方をしていたのが司馬さんではなかったろうか。

その司馬さんが「世界」にいちばん近い人であった。中国、朝鮮、ベトナム、台湾、モンゴルばかりか、アメリカ、ロシア、イギリス、アイルランド、バスク等を歩き、情と理を込めてその国と国人の歴史と現在を記した。司馬さんの目通った世界は、私たちの理解を一変させた。

ところが、『中央公論』九九年八月号の国際シンポジュウム「新たな知的開国をめざして」でいみじくも山崎正和が冒頭に述べるごとく、日本人と日本文化を三〇年にわたって書きついできて、日本で広く受け入れられた司馬遼太郎が、まったく世界では無視されているありさまなのだ。

ところで、司馬さんの文学上の最大の功績は、小説の定義を変えたことだ。小説に定義を与えたのが、坪内逍遙で、小説とは第一に人情を、ついで世態風俗を描くことだ、と記した。これ、世界最初の定義である。司馬さんは、小説は何をどのように書いてもよい、と述べ、それをどこまでも実践した。これも世界最初。ただし、こう明記したのは谷沢永一の発見である。

最初、従来の小説になれた私たちにとって、「余談だが」と突然著者がぬっと小説の世界に登場するのに、ずいぶん驚いたし、奇妙な感じにもさせられた。まるで、張り扇片手の高等講談もどきじゃないのかと。でも、小説って何でもありでよろしい、と馬耳東風で司馬さんは笑い飛ばしてきた。陽気な文学でもあるのだ。

24 司馬遼太郎（2）――世界系

（しば　りょうたろう　1923-96）

司馬は漱石を好んだ。その漱石は漢文学にあこがれ、英文学を専攻したが、東西の文学識はあまりに異なっていて、ひどい失望を味わった。江戸文学の主流は儒学であり、漢詩であった。漱石にとっての最初の文学とは、これのことだったのである。

司馬は、この東西の文学の壁をやすやすと超えた。司馬文学には何でもありであった。政治小説、経済小説、歴史小説、紀行文学、ミステリー、等々、近代西欧小説の枠に収まらないものをいろいろに分類するが、司馬文学にはそのすべてがあった。司馬文学は私小説から最も遠い人のように思われているが、司馬作品のどの行にも、司馬その人がぬっと登場してきた。「ところで」といって本人が登場することもしばしばだった。

ほとんどの作家は、作家自らが生みだした作品より小さいものである。司馬とその作品はほぼ等価、つまり、作品も人間も底なしであった。司馬は現実のつきあいで人誑《ひとたら》しで通っていた。例えば、司馬からもらった手紙葉書の類を御身宝と抱いている人は数知れないだろう。そして、司馬の人誑の最たるさまはその作品に登場する人物に現れる。おそらく『花神』の村田蔵六（大村益次郎）ほどつきあいづらい人間もいなかろうが、その蔵六がほれぼれするような男の典型として登場するのである。

司馬の人誑しは有名だが、司馬の紀行文を読むと土地誑しであることが如実にわかる。具体的な人間は真空状態の「自我」としてあるのではなく、歴史の中に生きている。とりわけ土地に生きる。その土地の描写が惚れた女を表するがごとくなのだ。司馬の「街道をゆく」は捕物帖と同じように、読み切りの短編小説の連なったものだと思っていい。主として柳田国男は過去の断片に現在を読みとった。司馬は現在の断片に絢爛たる土地の興亡を読みとる。

その土地誑しの読みとりの仕方もまた独特だった。司馬は、アメリカをスケッチしようとする。第一「資料」はアメリカ文学である。とりわけ小説だ。アイルランドもまた然り。司馬の「愛蘭土紀行」は全編これアイルランド文学論、文学散歩でもある。もちろんあの難解で知られるジョイスも存分に論じられる。ミステリーの松本清張は芥川賞を受賞したが、松本の歴史好きの背後に「文学」が、とりわけ小説があったように感じることはできない。

つまり、司馬は小説という形で森羅万象を、思想とは何か（『空海の風景』）さえをも諄々と説きおこす。しかし同時に、あまたある小説を第一の窓として世界を解き明かす。小説を文学の首座におく試みを司馬は生涯を通して敢行したのである。小説を一片の宣言によってではなく、作品によって革新しえたゆえんだ。

司馬は大阪を愛した。局限すれば布施を愛した。大阪のベターっと広がる蒸し暑きほこりまた多き下町の一角である。その司馬が世界（グローブ）を愛し、歩き、記しとどめた。人と土地と文学をである。私は残念ながら、生前の司馬の温顔に浴することはなかったが、その作品を堪能し続けることはできる。まさに司馬こそ私にとって、グローバル・ワンである。

Ⅱ

社長の哲学

1 読書論――モンテーニュの流儀

過日、新入社員を前にして「本を読みなさい。バーチャルでは現実感覚をどんどん失ってゆく。デジタルではなく、活字が重要だ」と力説する人たちの番組を見る機会があった。週に何度もTVのニュースショウに出演するような人ばかりである。ただし、だれ一人よく本を読んでいるようには思えなかった。

「本を、それも本格的な書物を読みなさい」という人の言を、あまり信用する必要はない。読書家を恐れる必要はない。第一講目にまずこういおう。

「読書で困難な問題にぶつかったとしても、爪を噛んだりしない。一、二回攻めつけてみるが、放り出しておく。」

モンテーニュ（1533‐1592）の言葉だ。一六世紀のフランスの人で、ギリシア・ローマ哲学・文学を自家薬籠中のものにして、近代西欧の読者に精力的に解読、紹介した哲学者である。その畢生の名著『エセー』は、たった一冊で古代ギリシア・ローマ思想の概略と細部を味読可能にする、奇蹟のような書物だ。もちろん邦訳も何種類かある。

モンテーニュは膨大な読書量の人だ。その彼が、難解な箇所にぶつかったら、拘泥せずに、放り出しておくにこしたことはない、固執すればするほど理解不能になるし、楽しい気分でなくなる、というのだ。ただし難解で放ってしまった箇所も、何かの折、判然とするところがある。読書の小さくない醍醐味の一つである。

モンテーニュはまたいう。「もしその本がつまらなくなれば、私はべつの本をとりあげる。何もすることがなくなったときにだけその本に身を入れる。」

マルクスの『資本論』を全巻熟読玩味した、という人がいる。たいへんだったろうとは思うが、感心するわけではない。モンテーニュならこの手の本は遠ざけただろうと思う。『資本論』を一〇年間かかって全巻読んだという人にであった。最初読んだ箇所はとうに忘れているだろうな、と思えた。『資本論』は読んで面白い本ではない。難解の連続である。それでも分からないところはどんどん飛ばして、一週間で読んだことがある。全体の雰囲気は分かった。少なくとも分かったつもりになった。これも読書の醍醐味ではないだろうか？

もっとも、『資本論』を厳密（科学的？）に読んだといわれる宇野弘蔵博士は、「私は全巻を通読したことがない、必要な箇所を必要なとき徹底的に読み込んだにすぎない」というようなことをいった。なるほどと思うところがあった。

またモンテーニュはいう。「私の役に立っている本は、フランス語に訳されたプルタルコスとセネカだ。これらが二つとも私にとってすばらしく便利だというわけは、私の探す知識が断片の形で扱われているため、私にはとてもできない長い時間の勉強が必要ではないからだ。」

本読みのなかには「原典」で読めという人がいる。モンテーニュはそれを自分の流儀ではない、という。稚拙な（他国）語学力で読むなんて、時間がかかりすぎて、辛抱できない。有益な部分を集めた「断片」は、とりつくのが簡単だし、好きなときに投げ出してもいい、というのだ。

「私は、学問を使いこなす本を求める。学問を打ちたてる本を求めない。」

このモンテーニュの言葉は貴重だ。彼はアリストテレスの『形而上学』や（おそらく）ヘーゲルの『論理学』を、学問を打ちたてる本であるという理由から、否定はしない。しかし、プルタルコスの『対比列伝』（英雄伝）や『倫理論集』、セネカの『書簡』のように、人生に役立つ書物を大事にし、好むのである。これはとても大切な態度だ。

皮肉屋のモンテーニュである。少しだけ注解を加えれば、断片＝短いとは「簡明」なことだ。簡明で楽しく人生に役立つ「文」を読む。モンテーニュから学びたい流儀である。

2 哲人トップ――皇帝アウレリウスの「自省」は自己叱咤だ

「松下幸之助は思想家か？」という質問を受けたことがある。松下関係者からだ。広い意味の哲人《フィロソファー》といっていい、というのが私の答えであった。苦し紛れの応答ではない。哲学を研究した者を総じて「哲学者《フィロソファー》」という。これと区別して、哲学的思考に慣れ親しんだ人を「哲人」といってみたい。松下さんは哲・学者ではないが、哲・人、つまりは賢人である。

それですぐに思い起こされるのは、ローマ帝国の皇帝で哲人であったマルクス・アウレリウス（121‐180　在位161～180年）である。マルクスは、哲学書といわれる『自省録』（精神）と至上の傑作といわれる騎馬像（肉体）を残したことで、後世、ローマ帝国の統治者中もっとも高い評価を受けてきた、カエサル（シーザー）よりもだ、と評判の『ローマ人の物語』で塩野七生は書いている。

マルクスは若いときから哲学書に親しむ、内省的な人間であった。彼が病弱であったこともその傾向を強めた。しかし、皇帝としては、保守的ではあったが、軟弱ではなかった。むしろ敵味方の双方に対して、果断であった。さらに激務のなかで、彼は自分の生きざまを内省＝反省することをやめなかった。

「世俗のなかで右往左往するな。仕事にかまけて人生に倦んで、心の内から目標を失うことこそ、愚か者に他ならない。」

仕事人間になるな、といっているのではない。およそ逆だ。ローマ帝国の皇帝はまずは軍のトップであり、戦の明け暮れの毎日である。だがどんな激務のなかでも、いな激務のなかでこそ、目標を片時もはなさず生きよ、と他人ではなく自分に、くりかえし言い聞かせる。

ところで、ここで「人生の目標」とは何か？

「自分に与えられた仕事をくもりのない明晰な品位と親愛をもって、また、自由な精神と正義とをもっておこない、それ以外のすべての想念からは離れて、自己に安息を与えることである。」

与えられた仕事を、自分の心に恥じることがないように、遂行する。専一このことにつとめ、外部の諸々に一喜一憂することを避け、自分の心を安らかに保つようにせよ。こうマルクスは言う。仕事を、自他共に恥じることのない仕事を愛しなさい、どんな激動の中でも、自分の心の平和を保つようにしなさい、というわけだ。

言うは易く、行うは難しだ。だが、この困難をマルクスは自分に課す。与えられた仕事が、至難中の至難である「皇帝」だからだ。マルクスは「生き急げ！」とさえ自分に言い聞かす。自己叱咤である。

「つねに近道を駈け行け。近道こそは自然に適った道である。幾多の苦難、戦役、陰謀と虚飾から、人を解放する道だ。」

皇帝アウレリウスは書を残して、哲人の列に入れられた。松下幸之助も人生の書を残した。二人とも近道を行く果断な仕事人であり、哲人である。

3 愛他論――パウロは最新ビジネスの行動原理の発案者でもある

ビジネスは競争だ。食うか食われるかである。そうじゃない。互譲なのだ。ギブ・アンド・テイクである。こういわれる。しかし実際は、経済学の父アダム・スミスが言うように、競争と互譲はたんに対立する別物ではない。自利と他利が競いつつ協調し合ってこそビジネスがスムーズに進行しかつ活況を呈する。だから、昨今の自利を計るばかりで、他利を省みない超ビジネスが簡単に馬脚を現し、蹉跌を踏むのは自然のなりゆきである。ここで自利＝自愛、他利＝愛他とおきかえても同じである。

では自愛＝自利のみはもとより、「愛他」＝他利のみの思想はビジネスにとって有害あるいは無益であろうか。これを考えてみよう。

「愛他」を徹底的に説いたのはイエスである。その「愛他」の教えを特記し、説き広めたのはパウロである。キリスト教の中心思想はパウロによって確定された、といってもいい。ところがこのパウロ、なかなかに複雑なのだ。

パウロはユダヤ教徒で、はじめはイエスとその信徒を弾圧することに熱心だった。ところがその弾圧の旅の最中に、イエスが「現れ」、聖霊に満たされて、覚醒し、回心を果たし、イエスの教えの熱心な伝道者になった。かくしてパウロは、イエスの信徒からは変心者と疑われ、ユダヤ教徒からは裏切り者とされ、信用をえることができず、孤立する。このパウロの「弱い」立場が「愛他」を徹底的に説く動機にもなったといっていい。

〝愛は忍耐強い。情け深い。妬まない。自慢せず、高ぶらない。礼を失せず、自利を求めず、いらだたず、恨みを抱かない。不義ではなく真実を喜ぶ。すべてを忍び、信じ、望み、耐える。〟

ここで重要なのは、愛は心の問題ではなく「行動」であり、行動だからこそ私たちはみな間違える、この間違いを許すことからはじめよう、ということだ。寛容である。

では「寛容」とはパウロにおいて具体的にどのようなことなのか。

〝私は、誰に対しても自由な者だが、すべての人の奴隷になった。できるだけ多くの人をえるためである。ユダヤ人に対しては、ユダヤ人のようになった。ユダヤ人をえるためである。……弱い人に対しては、弱い人のようになった。弱い人をえるためにである。すべての人に対してすべてのものになった。何とかして何人かでも救うためである。〟

このような「寛容」はまたもや「迎合」であると非を鳴らされた。しかし、パウロは「君たちは間違っている」とはいわない。イエスの信仰を広め、救済をもたらすためだ。

この「自由だが奴隷になる」＝「愛他」というパウロの行動原理は、最新のビジネスにこそぴったり当てはまるのではないだろうか。

商品に、取引にクレームが付く。たった一台の、たった一箇所の欠陥や過誤かもしれない。しかし消費者からのクレームなのだ。消費者の信用を確たるものにするチャンスが与えられたのだ。まずは消費者の「奴隷」になり、全商品、全取引を点検し直す。

「愛他」によってパウロはイエスの信徒やユダヤ教徒ばかりか、ついにはローマ人の心もつかむ。ここにキリスト教団の礎石が置かれたのだ。

4 発展論——矛盾こそ発展の根拠である

日本は、建国以来、停滞はあったものの、右肩上がりに成長を遂げてきた。また国内が融和的で、国を滅ぼすような対立がなかった。「成長と融和」、これが日本の特長である。日本人として生まれた幸運である。こういって間違いがないだろう。

じゃあ日本は矛盾や対立のない微温的国なのか？　そんなことはない。日本はなんども国家存亡の危機を迎えた。六〇年前には大敗戦も経験した。だがみごとに復活をとげた。近くはオイルショックやバブルの崩壊があった。しかしそのつど乗りこえることができた。正確にいえば、むしろ困難や危機を奇貨とし、新しい成長のスプリングボード（飛躍台）としてきた。日本こそヘーゲル哲学を体現する典型国のように思える。

《矛盾は発展の推進力である。》これを思考の中心において自然と人間と人間社会の全現象を解き明かそうとしたのがヘーゲル（1770-1831）で、史上ナンバー1の哲学者である。

アダム・スミスは、《私益の追求が結果として公益を拡大する（＝国富をもたらす）。》と、レッセフェール（自由放任経済）を説いた。ヘーゲルは、この自由経済体制を豊かな富をもたらす「欲望の体系」とみなし、高く評価する。同時に、この欲望の体系を「調和社会」だとするスミスの考えを批判する。

《私益の飽くなき追求（＝利得の獲得をめぐる無制約な競争）が、社会に、一握りの富裕層＝有産者と圧倒的多数の貧困層＝無産者とを生みだし、その両者の間に和解不能な対立を生みださざるをえない。》こういうのだ。私益追求の資本主義＝自由市場経済の階級矛盾・対立を説き、その矛盾を解消するために「革命」を訴えたマルクスの先取りである。

エッ、矛盾はあってはならない。矛盾のないこと、安心と平和が素晴らしいことじゃないか。こういわれるだろうか？　だが現実には、安心と不安、平和と戦争はまったく別に存在するのではない。表裏一体に同在するのだ。ヘーゲルのいうように、《矛盾とは対立物の同一である。》ヘーゲルは《矛盾と対立（＝困難と危機）の解決は、「矛盾する現実」それ自体のなかに見いだすことができる（＝に内在している）。》という。

たとえばオイルショックだ。石油資源がない日本にとって、石油価格の高騰は致命的である。省エネがなければ経済停滞と破壊に直結する。生産と消費の全部門で省エネ技術の開発が至上命令となる。対して産油国のアメリカは省エネを必須と感じなかった。省エネ革新をはからなかった。オイルショック後の80年代、日米に経済格差が生まれた原因だ。その後、社会主義の崩壊で新しい現実＝矛盾が生まれ、その現実に対応しなかった日本が窮地に追い込まれる。

矛盾は解決を迫る。ヘーゲルの思考は《解決できない矛盾はない。》と断じる。だがどんな解決もある特定の解決であり、その内部に新しい矛盾を含む。最初は萌芽的だがいずれ解決を迫まるものに拡大する。逆に、《矛盾がないところに成長はない。》正確にいえば、《矛盾のないものとは死んだものだ。ものの停滞や死は、その内部に矛盾と矛盾の解決を見いだそうとしない、現状に満足している怠慢な精神が生みだす。》これを逆にいえば、《危機（＝矛盾の解決が迫られている状態）こそ飛躍のチャンス》でもあるということだ。

＊難解でなるヘーゲルの主要著作は長谷川宏の新訳で容易に近づくことができるようになりました。私の『ヘーゲルを活用する！』（言視舎）は経営者のかたにぜひにも読んでほしい一冊です。

5 真理論――真理とは虚構である

「合理主義」（rationalism）という言葉をよく聞くだろう。「ラチオ」（ratio）とはラテン語で「理性」という意味で、体験、習慣、伝統、教義あるいは世論をもとに真偽を判断しない態度（マナー）のことで、デカルトが合理主義の親玉だ。

スピノザは先輩デカルトの合理精神を受け継ぐ。だがスピノザが行き着いた結論は、一見して意外というか、「異例」なものだった。どういうことか。

《対象を理解する三種類の認識法がある。一つは感性的認識で、感覚や想像によってえられるものだ。これは十全な認識ではない。二つは理性的認識で、理性によってえられるもので、十全な認識だ。三つに神の認識で、直観によるものだが、人間には与えられていない。》（神の能力は人間には備わっていない。人間を超えている。）

感性による認識はなぜ非十全なのか？　漠然とした経験や世論、あるいは感官（身体）を通してえられるもので、虚偽の原因となるからである。たとえば、昼間見る海が青いのに、夜見る海が黒いというように、その真偽が一様ではない。

これに対して、三角形の内角の和は二直角（１８０度）に等しく、いついかなる時でも、誰にとっても共通な知見で、真である。しかも、真偽を判断する基準（尺度）として有効無比で、これが理性認識だ。

しかし昼見る海が青く、夜見る海が黒いのは、夢や幻なのだろうか？　そんなことはない。見たまま（リアル）に見えるのだ。これとは逆に、内角の和が二直角になるような「三角形」は現実（リアル）に存在するだろうか？　どんなに正確に直線を引こうとしても、現実の直線は必ず歪んでいる。真の「三角形」は観念上のもので、抽象物、つまりは虚構（フィクション＝こしらえもの）だ。

ここから重要なことが出てくる。

一つ。人間は身体をもった存在である。人間を現実に動かすのはこの身体（感覚器官）に基礎を持つ感情だ。個人だけでなく社会（人間の集団）を動かすのは大衆の感情、共通の体験、世論、習俗であり、伝統である。どんなに素晴らしいプランや理念（アイディア）であっても、人の、多数の人＝大衆の感情に訴えなければ、実現不能で、机上のプランにすぎない。

二つ。多数の感情はしばしば付和雷同し、暴走する。その前では、正義や法や理念が消し飛ばされる。では理性は無力なのだろうか？　そんなことはない。理性の力は、この集団感情が行き着く方向を示したり、対立する感情があることを提示できるからだ。

たとえばEUのように、アジアはアジア人で、近隣諸国が共同してゆくべきだ、という「東アジア共同体」論がある。これは多くの日本人の感情を捉えているだけではない。新登場の福田首相も「東アジア共同体」を外交路線としてキャッチアップしている。しかし、不毛悲惨な日米開戦に導いたのが、日本国民の感情をひっさらった「東亜共同体」論ではなかっただろうか？「東亜」とは「東アジア」のことだ。

スピノザは理性人だ。ユダヤ人として生まれたが、ユダヤ教（ユダヤ人の共同感情）を批判し、それに止まらず、自らキリスト教（西欧人の共同感情）を批判する。そして主著『神学・政治論』の序文に《民衆から迷信を取り去ることは、恐怖を取り去ることと同じく、不可能である。……民衆は理性によって動かされるのではなく激情によって動かされるからだ。……したがってこの本を感情に囚われている人すべてに読んでもらいたくない。》と書いたのだ。

「大衆の敵」として書くのは普通の理性人だ。でもスピノザは大衆（大衆の自己統治＝デモクラシー）の勝利のためにこそ書いたのだ。「異例」の哲人といわれるゆえんだ。

6　方法論①——「私は考える、ゆえに私は存在する」の原理

「近代哲学の父」といわれるデカルト（1596‐1650）は「哲学の父」プラトンの説の復興者である。と同時に、その破壊者でもある。彼は、観念論を主張しつつ、リアリストであったのだ。そんな彼の説は、総じて合理主義（＝理性主義）といわれている。（合理（ratio）と「理性」は同じ言葉である。）合理主義とは、経験に由来する認識に信頼をおかず、経験に基づかない「原理」から導き出される理性的認識だけを真の認識とする立場で、経験論と対立するものだ。観念論でリアリストというのは、まるでライオンの体と人間の顔を持ったスフィンクスじゃないか、と思われるだろう。デカルトがこのような謎のスタイルをとったのには訳があった。

デカルトには重要な命題がある。ご存知《私は考える、ゆえに私は存在する》（コギト・エルゴ・スム）である。この命題は、三つの原理から成り立っている。この三つの一つでも欠けば、デカルト哲学はその命を絶たれるといってもいい。

原理その1、「思考」と「物質」は自立している。思考世界も物質世界も、他に依存することなく独立して存在する。

原理その2、人間の思考は物質世界を「認識」（くまなく認識）することができる。

原理その3、人間は「平等」である。

原理その1について、現代では常識とされていることだが、一七世紀では宇宙の唯一の創造者である神を冒瀆する説とみなされ、宗教裁判にかけられた。実際、同時期、ガリレイが地動説を主張し、弾圧されている。それでデカルトは、主著となるはずだった『宇宙論』の出版を諦めなければならなかったのである。彼は、物質的世界が独立して存在するという主張にベールをかけざるをえなかったのである。ライオンの身体を半ば砂に埋めたわけだ。

原理その2である。デカルトは、思考（精神）が、思考からまったく無関係に独立している物質世界を認識するにはどうしたらいいか、という問いを立て、「思考の四則」を提起する。

第一則、即断や偏見を避け、疑う余地のないもの以外は、自分の判断の中に入れない。

第二則、検討しようとするものを、できるだけ、また解決するに必要なだけ、多数の小部分に分割する。

第三則、最も単純なものから、段階を踏んで、最も複雑なものに達するように、自分の思考を秩序だてて働かす。

第四則、何一つ落とさなかったと確信するほど、広く検討する。（『方法叙説』）》

一通り読んだだけでは、特別のことではない。効果があるかどうかわからないが、「社則」として張り出してもいい。そう思えるのではないだろうか？

だが「哲学」の真骨頂は、ここからはじまるのだ。

第一則、これはデカルトの「方法的懐疑」とよばれているものとつながる。

デカルトは長い旅に出る。広く世界を見るためだ。そして目前にある事実、広く学び経験した確信、世界中で自明だと思われている常識や習慣、長い間確実だとみなされてきた歴史的真実や科学的真理、等々を徹底的な懐疑の前にさらしてみる。どれ一つとしてデカルトの「懐疑」の審判をパスしたものはない。なにひとつとして絶対に確実なものはないのである。世界に信じるにたるものはなにもない、とデカルトが懐疑論者に陥りそうになる。そのとき、にわかに閃いたのだ。あらゆるものが疑わしい。しかし疑っているこの「私の思考」(「考える私」)を疑うことはできるか？　できない、と。

「私は考える。ゆえに(この考える)私は(真に)存在する。」である。こうしてデカルトは「真なるもの」、絶対に確実なものから出発することができたのだ。

7　方法論②　分析する――デカルト

デカルトは、思考の第一則で、確実なもの以外は自分の判断の中に入れない、という徹底した「懐疑」を展開し、絶対確実な出発点をえることができた。

第二則は、その確実な判断にもとづいて、対象を確実な小部分に分割する。「分析」で、合理主義哲学の最も重要な「方法」である。

ものの全体（対象）はまるごと一挙に認識することはできない。それができるのは「神」（の直観）だけである。人間ができるのは分析であり、全体を確実な部分にまで分割することである。「確実」というのは不明なものが残らないという意味だ。

たとえば「時計」を思い起こしてほしい。大から小まである多くの部品（部分）でできあがっている。そのどの一つの部品でも、どんな材料でできているかを精査しなかったり、いいかげんなやり方で仕上げたりしたら、時計は体（働き）をなさない。あるいは「家」である。柱や梁の一本でもいいかげんな調査で調達したものを用いれば、家全体が倒壊しかねないのだ。

全体（複合体）を最小部分にまで分析する。その最小部分は単純で明快なものだ。デカルト流の合理主義は徹底した分析を要求する。

第三則は、分析した部分を、単純なものから複雑なものへと秩序よく組み立て、全体（対象）を復元する過程だ。すなわち再構成である。もし分割した部分を、単純なものから複雑なものへと秩序だって組み直し（たと思っ）ても、部品が余ったり、全体がスムーズに動き出さなければ、第二則の分析、あるいは第三則の再構成が間違っているということになる。第三則は、分析が正しかったかどうかの検証過程でもある。

第四則は、点検、再点検である。この重要性はいうまでもないだろう。もし、再構成で、たった一つの部品が残ったとしたらどうするか？

時計は動く。あるいは自動車は動いている。しかし、必要不可欠な「部品」がもし一つでも欠けたら、時計は壊れたですむかもしれないが、自動車なら大事故につながる。欠陥商品事故の大部分は、本体重要部分の故障からではなく、末端部分の不備から生じていることを考えればなおのことこの点検は重要である。

点検には、検証過程が必要だ。車が一定距離を実走し、トラブルがないことを確認するようにだ。実験し、実証することである。

しかしデカルト流の合理主義の問題点は、ここからはじまる。デカルトが提唱したのは思考実験である。懐疑・分析・再構成・点検によって、望むべき「もの」を製造することができるというものだ。

自然科学に関連する多くのことは実験し、実証することが可能である。誤った分析や再構成や点検は、実験や実証の結果、あらかじめ未然に防ぐことは可能だ。デカルト流の合理主義が近代科学技術の発展に果たした功績は特筆大書に値する。科学技術＝分析の勝利をもたらし一大原因となった。

だが社会事象や人間諸個人に関連する問題領域では、どんなに正確を期したとしても、あやまたずに分析し、再構成し、実験し、実証することは困難である。その分析や再構成がどんなに素晴らしくても、あるいは理想的であればあるほど、悲惨な結果あるいはまったく逆の現実が生じるのだ。

人間は「理性人」（正しく認識し、その認識にしたがって正しく行動できる能力）であり、その理性人が集まった社会は、正しい目的と正しいやり方で運営されたなら、望む理想の社会ができると考えて作られたモデル、ルソーの民主制やマルクスの共産制が、フランス革命の恐怖（テロ）政治を生み、ロシア革命の抑圧貧困戦争社会を生みだしたのである。いずれも、人間の自由と平等と平和を高く掲げて構成されたモデルだったが、まったく正反対の悲惨な結果を生みだした。

8 方法論③――理想と現実

デカルト哲学の第三原理は「人間は平等である」である。正確には「良識はこの世で最も公平に分配されているものである。」といわれる。『方法叙説』の冒頭においてだ。

「良識」（ボンサンス）とはこの場合「理性」という意味で、「人間は理性において平等である」とデカルトは宣言したわけである。なんだ、あたりまえじゃないか、と思われるかもしれない。

一つは、デカルトまで広くいきわたっていたのは、人間に「階級」がある、その階級に準じて「知」の階級がある、ということだった。下位が感性（動物知）しかもたない階級、中位が悟性（常識）と感性をもつ階級、上位が理性（良識）と悟性と感性をもつ階級である。知の能力によって人間を截然差別していたわけで、悟性や感性しかもたないものに人間社会の統治を任せるなどというのはまったくとんでもないを意味した。
一つは、デカルトが「理性は公平に配分されている」といった意味である。

すぐに思い出すことがないだろうか？　『学問のすゝめ』の冒頭で福沢諭吉がいった言葉、「天は人の上に人を造らず、人の下に人を造らずと云へり」である。こう宣言した直後、諭吉は、現実の世には、賢愚、貧富、貴賤の別がある。なぜか？　もてる（天＝自然が与えた）能力をよく用いないからである。よく用いるために学ばないからだ。学ぶ（努力錬磨する）ものには賢富貴が、学ばないものには愚貧賤がもたらされる。自業自得（自己責任）である、と身も蓋もないようなことをいっているのだ。

デカルトの言い方は少し違う。
「良い精神をもつというだけでは十分ではない。大切なことは、精神をよく用いることだ。最も大きな心は、最も大きな徳行をなしうるとともに、最も大きな悪行もなしうる。ゆっくりとしか歩かない人でも、いつもまっすぐな道をとるならば、走る人がまっすぐな道をそれるよりも、はるかに先へ進むことができる。」

デカルトは正しい方向（方法）で進むことが重要だという。対して諭吉はなによりも学ぶことを重視する。正しい「方法」と懸命な「努力」とは矛盾するわけではないが、ひとまず国が当面する課題の違いと考えてほしい。（日本と日本人には急激な開化が要求されていた。）

デカルトは望ましい社会を実現するためには、理性を正しく働かせ、正しいプラン（理想）を立て、総力を上げて進まなければならない、という。合理主義といわれる理由だ。だがデカルトの真骨頂はこれに留まらない。「正しい方法」には、理想に行き着くまでの「あいだ」、人間と人間の社会がどう生きるのか、という問題が含まれているからだ。

理想だけを示して、その実現過程を考慮しないのは、空想主義である。理想を高く掲げて進みなさいというだけでは、途次でのたれ死になさい、といっているに等しい。

理想を求めて生きることを、理想の家の建設をモデルに想定して、デカルトはこういう。理想の家を建てようと思う人は、その家が完成するまで住まなければならない「家」を必要とする。同じように、わたしが思索の旅を続けている間に、可能なかぎり幸福に生きてゆくことができるために、急場しのぎの道徳（行動準則）をつくった。三つの格律からなる。

1、故国の法律と習慣に従う、

2、いったん決めた意見は疑わしい場合でも一貫させる、

3、運命や制度を変えるよりも、自分の欲望を変えるようにつとめる。

理想を掲げて進むとき、デカルトは古きものを破壊する理想主義者に見える。同時に急場しのぎといわれる、理想までの長い道のりで従うモラルは、保守主義である。

慎重居士のデカルトは、「まず破壊ありき」の急進主義者ではなく、一見すれば、保守主義をモットーとして生きた。しかし彼の議論は、時の国家や教会道徳の「敵」であった。結果として、デカルトは故国を追われ、自分の欲望を変えることをせずに一生を終えることになる。

理性の声に従う。同時に既存の秩序に従う。人間はこの二重性を生きる他ない、デカルトの生涯と思想はそういっているように思える。

9 社会的無意識――マルクスの「悪夢」

およそマルクス（1818‐72）ほど有害な学説を世に流した思想家あるいは哲学者は人類史上存在しなかった、と断言できる。権力の抑圧を、搾取の不正を、貧困の悲惨を、戦争の残酷を、道徳の紊乱を、宗教のまやかしを論難し、その原因があげて資本制と民主制にあると説明し、自由で平等で豊かで平和な共産社会を構想した。その論難も、説明も、構想もすべてが間違いであった。一九世紀末から二〇世紀末にかけた、政治経済、思想学問、文化芸術、生活道徳のすべての領域において、その弊害ははかりしれない。社会主義国はほぼ瓦解したが、人類はまだその悪影響から立ち直っていない。こう断言できる。

マルクスは、個人＝人格的にも、幼少期から死に至るまで唯我独尊の塊で、育った家族や母国を裏切って顧みず、友人や組織を侮蔑・道具視・私物化し、最愛の妻を裏切り、召使いに生ませた子を親友エンゲルスに押しつけ、子どもたちを次から次に死に至らしめ、家族崩壊を招いた。驚くべきはこれらがマルクスに自責の念を生まなかったことだ。マルクスの個体にかかわる生き方、マナーやモラルから教わるべきなにものもない。そう思うべきである。あまたあるマルクスの『聖伝』はすべて信用するに値しない。こういう人物をもったことは同じ人間として恥ずべきことに思える。

だが、と一拍おいていわなければならない。以上の理由をもってマルクスの「功績」を無とするのは、誤りであると。

マルクスは誰よりも資本制の「最高の革命的役割」を強調したからである。そもそも私たちが資本主義社会と総称している現代を定義したのがマルクスであった。三つに要約できる。

1　資本主義は商品中心（＝自由市場経済）社会である。

2　労働力が商品化される（＝労働力市場）社会である。

3　資本主義に特殊な生産様式、「大工業」（オートメーション）が成立している社会である。技術革新がその正否を決める。

こうして資本（家）は、その手の中に集積した生産手段と、生産手段から切り離された労働力（賃労働）とを結合させ、絶えざる技術革新によって大量かつ巨大な生産力を作り出す。私たちが今日なおイメージしている、過剰な欲望を無制限に発動させる資本主義社会像、とはマルクスが確定したものなのだ。

だが、マルクスは資本主義では困る。なぜか？　資本主義は、人間関係をモノ（商品）とモノとの関係に置き換える。少数の資本に富を多数の労働に貧困をもたらす。過剰生産による倒産と失業（＝恐慌）を生みだす。こうして自ら生みだした巨大な生産力を適正にコントロールできないカオス社会（＝社会的無意識）が資本主義なのだ。こうマルクスは断じる。

ここからマルクスは、飛躍して、資本制の矛盾（＝商品・搾取・過剰生産・恐慌）のないシステム、合理的に計画統制された共産制を構想（夢想）する。

だが、「無意識」（本能＝自然）は、社会的であろうが個人的であろうが、相対的に抑制はできるが、解消はできない。マルクスの構想は、どんなに美しくても、できないことを試みようとする「無知無謀」なのである。社会主義の七〇年の「悪夢の実験」がその証明だった。なんと高い代価を払ったことか。

マルクスは「我欲」の人である。他人を「モノ」とみなした。その生き方に計画のカケラもない生き方をした。まるでマルクスが難じた典型の資本主義人間であった。そのマルクスが自己否定もせずに、資本主義を難じる。

資本主義の無意識*は、いまや、単一の世界市場経済を生みだし、労働力の自由な移動を許し、過剰生産と生産調整を時々刻々くりかえしながら、総体としてみれば、高速の技術革新を不可避に要求し、ますます巨大で有力な生産力を生みだしている。たしかにそのコントロールに私たちは日々翻弄されている。だがこの無意識を無化しようというどんな努力も人類にとっては有害なのだ。資本主義は資本主義を超えてゆく。マルクスから学ぶべき教訓である。

＊「無意識」とは、無化したり、合理的にコントロールできない意識のことで、意識を根源的に規定している。社会的無意識には言語、タブー、資本主義などがある。

10 自由と平等――福沢諭吉

近代日本の最も優れた哲学者は誰か、と問われたら、躊躇なく福沢諭吉（1834‐1901）である、と答えることにしている。哲学研究とか哲学体系の構築ということを基準にするなら、別な答えになるが、まちがいなく福沢は同時代の世界の哲学者に互す優れものと断じていい。それを『学問のすゝめ』で見てみよう。

福沢で最もよく知られているのは、この書の冒頭にある「天は人の上に人を造らず、人の下に人を造らず」という平等思想である。この場合「天」とは「ヘブン」ではない。「ネーチャー」（自然）のことだ。「生まれつき人間は平等だ」と宣言しているのである。

しかし福沢のすごいのは、これに続く言葉だ。

ところが現実の世界には、賢愚がある。貧富があり、貴賤がある。なぜか？　学ばないからだ。学ぶ者は賢富貴になる。学ばない者は愚貧賤になる。ゆえに医者、学者、政府の役人、大商人、大百姓が賢明で、富み、貴いのは、天与のものではなく、学問の力によるのだ。

こう身も蓋もないように断じるのだ。平等主義者福沢諭吉は、じつは、学力で人間を差別するエリート主義者なのか、と思われるだろう。そうでもあり、そうでもない。

身分や門地門閥によって人間の値打ちや仕事の評価が決まるのではない。各人の努力によって決まる。その努力（学問）をすべての人に開放する。平たくいえば努力する自由をすべての人に与えることだ。自由の機会均等である。自由の平等である。平等は自由に従属する。

次いで『学問のすゝめ』で有名なのは「一身独立して一国独立する」である。これに三箇条ある。

「第一条　独立の気力なき者は、国を思うこと深切ならず。

独立とは、自分にて自分の身を支配し、他に依りすがる心なきを言う。

第二条　内に居て独立の地位をえざる者は、外に在って外国人に接するときもまた独立の権義を伸ぶるを能わず。

独立の気力なきものは必ず人に依頼す、人に依頼する者は必ず人を恐る、人を恐る者は必ず人に諂（へつらう）うものなり。

第三条　独立の気力なき者は、人に依頼して悪事をなすことあり。

……国民に独立の気力愈愈（いよいよ）少なければ、国を売るの禍もまた随って益々大なるべし。」

諭吉は自国の独立を最重要課題とした。明治政府は富国強兵・殖産興業を掲げた。それもこれも自国の独立をはかるためだ。福沢と同じである。

しかし自国の独立は一身の独立なくしては不可能である。一身の独立とは自立自存である。学問を基本とする努力によって「私立活計」をはかることだ。パラサイトと対極的な生き方をすることだ。

しかし自立自存が重要なのは、外国に対して卑屈にならないためでもある。卑屈にとどまらず、国を売るような悪事を犯さないためにも必要だ。自国の独立に不可欠ということだ。

四民平等の核心は自由の平等である。自由の平等とは、平たくいえば「競争の自由」である。競争の自由があるからこそ、だれもが一身の独立を実現すべく努力することが可能になる。しかし一身の独立が可能なためには、一国が独立していなくてはならない。

なんだ「卵が先か鶏が先か」の循環論法のように聞こえるだろう。だが福沢は国権論者ではあるが、個人の自由と自立なしに、国家の独立はあっても、国家の自立はないという、個人主義者である。深い言葉だ。

11 最初の哲学者——タレス

すべてに通じるが、「はじめ」が肝心である。なぜか？

「はじめ」とは、「あるもの」（対象）を始めから終わりまでを貫く「同一性」（アイデンティティ）であり、「原理」（プリンシプル）だからだ。もう少し卑俗にいえば、「瓜の蔓に茄子は生えぬ」からである。「社訓」や「社風」などといっているものもその一種である。

逆にいえば、「はじめ」が間違えば、どんなに時間と労力を注いでも、徒労に終わる。世にいう「徒労」のほとんどは、「ボタンの掛け違い」であり、「茄子を得ようとして瓜の種を播く」に等しいといっていい。

哲学とはこの「はじめ」（原理）をつねに注視する思考態度のことだ。この哲学にも「はじめ」があって当然だろう。では哲学の「はじめ」とは何か？

これは難問中の難問である。しかし「最初の哲学者」は存在する。いわば哲学者の「原型」である。もちろん、ご本人が「われは最初の哲学者なり」といったわけではない。多くの人が最初の哲学者と後に認めた人である。その人に哲学の「原像」（原イメージ）を求めた結果である。

では最初の哲学者とは誰か？　ギリシアのタレス（前624頃‐前546頃）である。エーゲ海に臨むミレトス（現在のトルコ領）出身の人だ。この人は「書かない人」といわれ、その言葉は残っていないが、多くの人によってさまざまに語られてきた。

曰く。原理の人だ。すべてのものは「水」から出来ている。すべての種子が湿った本性をもっており、大地は水の上に浮かんでいるという理由からで、「万物の原理は水である」という。つまり万物（自然）の「はじめ」を初めて述べた人である。

曰く。予言者である。日食を最初に予言し、万物に魂があり、魂が不死であると最初に述べた。

曰く。観察者である。広く世の中を見て回った。航海術に長け、貿易に携わり、エジプトの測量術を輸入した。都市計画を立案し、土木術で軍政にも力を貸した。

曰く。商才があった。オリーブが豊作であることを天文学から知り、オリーブ圧搾工場に手付けを打って安く借り受け、多額の儲けをえることが見込めたが、金儲けは彼の関心事ではなかった。

曰く。後にソクラテスに帰されたことは、「汝自身を知れ」を含めて、ほとんどタレスに発している。したがって最初の賢者と呼ぶにふさわしい。

曰く。非日常生活人である。天体を観察していて、井戸に落ち、下女に、天体のことを知るのには熱心だが、自分の足元のことはてんで気づいてはいない、と揶揄された。

つまるところ、タレスに託して語られている哲学者の「原像」は、自然と人間世界、人生のすべてにかんする知識（理論）欲が旺盛で、また知識に長けた人である。だがソクラテス同様、実践力や現実の日常生活には無能な人というわけだ。

しかし、生活能力がなく、悪妻に苦しめられたというソクラテス像とともに、タレスに非実践的な人というイメージを重ねるのは、偏狭な哲学者像を造ろうとするある種の陰謀のように思える。

そういえば私たちが知るソクラテス像は、政治音痴だったプラトンに近い、あるいは発している。タレス像は、アテナイを半占領下においたマケドニアのアレクサンドロス大王の家庭教師だったため、アテナイ人の反感を逸らそうと政治から意識的に距離を取ったアリストテレス（マケドニア人）に近い。

推察するところ、最初の哲学者は、政治や金儲け（ビジネス）に関心をもっただけでなく、その優れた観察力や知識で政治やビジネスに資するところ大きかった人、ゼネラリストでもあったといっていいだろう。

12 人間論①——人間機械論

「機械」に対する考え方は、日本と欧米では非常に異なる。とくに「人造人間」である「ロボット」に対して当てはまる。こういわれる。

ロボットという言葉を造ったのはチェコ出身の作家でジャーナリストのカール・チャペック（1890-1938）である。哲学科出身のチャペックはロボットを、人間（の科学技術）が生みだしたものだが、人間に敵対し、ついには人類を絶滅に導くという「予言」と結びつけた。これは機械文明の発達が人間を退廃と破壊に、そして人類絶滅に追い込むという文明観の流れをくむものである。

日本では手塚治虫の「鉄腕アトム」や横山光輝の「哲人28号」のように、ロボットはひとつひとつ名前をもち、人間に親しい味方であるという思考が強くある。このロボット観は、日本で欧米のような過激な機械打ちこわし運動が起こらず、科学技術ひいてはロボットの産業導入をスムーズに進ませた原因であるといわれてきた。

ところが異端の哲学者がいる。「サルと人間の身体上の構造と機能は同じである」、つまり「人間は動物である」という見地に立ちながら、「人間は機械である」を肯定的に展開したラ・メトリ（1709-51）である。

「人間は動物である」も「人間は機械である」も、とんでもない考えだと思われるだろうか？ところがまだ科学技術、機械システムがそれほどの成熟を見ていなかった時代に、ラ・メトリは「人間＝機械」論を展開する。彼はいう。

サル以下の動物と人間との違いはどこにあるのか？ 粗雑な機械と精巧な機械の違いにすぎない。

この差異は、第一に自然が与えたものであり、第二に自然が与えたものを基礎に人間が発展させたものだ。

では動物にはみられない「人道」（道徳）はどうかんがえたらいいのか？

「人道とは、汝の欲せざるところを人にも施すなかれ、と教えてくれる感情である。これはもはや常識だが、この感情は一種の心配あるいは恐怖である、とつけ加えてもいいだろう。」

「われわれが他人の財産と生命に敬意を払うのは、われわれの財産、名誉および身体（生命）を安全に保つために他ないからではないか？」

ここでラ・メトリが「常識」という「一種の心配」とは、「個人の生命と財産は何人もこれを侵すべからず」という思想である。もっと縮めていえば、「生命と財産」は私のものだという考えである。私的所有権を含む私有財産制度の廃止や制限を唱う社会主義思想がまず第一に憎悪し否定するものだ。実のところ、人間機械論者ラ・メトリは熱烈な基本的人権の擁護者なのである。

もう一つ、ラ・メトリで忘れてならないのは、人間＝機械が、訓練＝努力によってその機能を高めてゆくことができる、という思想だ。人間ばかりでなく、機械もまた、改良と工夫によってますます精巧（ハイクオリティ）になってゆくという、高度技術社会の肯定である。

だがラ・メトリの思想は、神が人間を造ったというキリスト教思想を否定し、人間を低能なサル並み、精神のない機械並みに貶める、非人間的な暴論であるとみなされ、排撃されてきた。しかし人間機械論は、この高度技術社会で新しい光を浴びはじめる。

かつて「機械はどこまで人間に近づくことが出来るか」というのが機械論の第一テーマであった。どんなに進化しても、「機械とは粗雑かつ単純な人間にすぎない」というわけだ。しかし現在「人間はどこまで機械か、あるいは機械に近づくことが出来るか」が主テーマになりつつある。

結論だけいえば、「人間は高級で複雑だが、エラーする機械である」ということだ。機械はエラーしない。故障するだけだ。人間は現実から乖離し、誤る。夢を見るからだ。「夢見る機械」

こそ人間であるというわけだ。夢を見るから人間は現実にないものを創造する。同時に現実を無視する誤りにも陥る。新しい人間論の登場である。

13 人間論②——ソシュールの「人間とは言葉だ」

「人間とは何か?」は哲学のなかでも最も重要な「問い」である。しかも「問い」を発することは、哲学の最重要な課題である。問いを「疑問」と言い換えても同じだ。

「人間とは何か?」という問いを発し、それに答えようとしない哲学者がもしいたとしたら、自称あるいはニセ哲学者だと思っていい。もう少しいえば、この問いにどんな答えを用意しているかによって、哲学者の「グレード」が決まるといっていいだろう。

「人間とは言葉だ」あるいは「人間は言葉によって人間になった」と定義したのはフェルナンド・ソシュール(1857-1913)である。史上最初の人間論を生んだ、GI哲学者だ。

しかしそのソシュールは生前ほとんど無名で、数人の受講生を前に地味な講義を続けた一言語哲学者である。一冊の著書もなく、その主著とされる『一般言語学講義』は、死後、受講生たちによって編集された講義録である。ところがこの本が二〇世紀以降の哲学等に決定的な影響を与えた。その影響はますます拡大している。

ベーコンは、言葉が偶像＝虚偽を生む原因の一つであると断じている。言葉は現実（オリジナル）を伝える道具（コピー）なのに、一人歩きして、真実であるかのように振る舞う、というわけだ。言葉を尽くせば尽くすほど、真実から遠ざかって行く、というのは洋の東西を問わない考え方としていまも強くある。

ソシュールはこの言葉に対する常識をひっくり返す。言葉＝言語の構造を明らかにすることによってだ。肝心要のところだけを要約しよう。

第一。人間は言葉をもつことによって、人間に特有の「意識」（精神）をもつことができた。

第二。言葉は、ラング（共同規範＝国語＝体系＝共同の無意識）、パロール（個々の表現＝発話＝個人＝自由）、ランガージュ（言語能力＝創造力）からなる。

第三。事物は、事物間を結ぶ関係（ネット）なしには存在しない。自然の世界では、この見えない関係は、人間の「視点」なしには観察できない。文化の世界では、正しいか誤っているかにかかわらず、まず存在するのは人間の「視点」だけで、人間はこの「視点」によって二次的に事物を創造する。

まず説明がいるのは第二である。「言葉はラングである」というのは、すべての人間はすでにある言語＝国語＝共同規範＝文法のもとで思考活動をはじめる。日本人（ジャパニーズ）とは日本語（ジャパニーズ）を話す人のことである。日本語が存在しなければ日本人は存在しない。しかし個々の日本人は、自分なりの＝自由なスタイル（個性）で言語活動をする。個人の恣意的な言語発動＝パロールが他人にも通じるのは、ラング（日本語）に（無意識に）従っているからだ。さらに、言葉はいまここにないもの・いまだかつてどこにもなかったものを喚起する真の創造力（言語能力＝ランガージュ）である。

第三は、ネット（網＝関係）社会になったいま、かなり理解しやすくなったのではないだろうか。問題は「視点」である。どんな視点、言葉＝発想＝パラダイムを持つかによって、同じ現実がまったく違って見えるということだ。

第一は、「始めに言葉ありき」という聖書の言葉を思い浮かべてほしい。自然にないものを、人間は言葉で呼び起こし、実現し続けてきたのである。「欲望」でさえ言葉が生みだす。ただし、人間がなぜ言葉をもつに至ったのかを、実証はできない。ソシュールとともに、人間は、言葉をもって、はじめて人間になりえた、ということができるだけだ。

14 人間論③——本質なき実存

パーソナリティ（personality）とは人格性とか個性といわれるものだ。人格性と個性は原語が同じなのに、日本語ではニュアンスを異にする。

人格性とは人間ならだれもがもつ固有な本質（人間性）を意味する。個性とはその人に固有な本質のことだ。人格性の喪失は人間喪失あるいは人間失格で、個性の喪失は没個性（自分でなくなること）あるいは没主体性（決断ができなくなること、意志力や行動力のないこと）を意味する。

実存主義という言葉やサルトル（１９０５‐１９８０）という名前は、現在では哲学教科書に載っているだけの、ほとんど忘れ去られた過去の遺物のように扱われている。しかし第二次大戦後の世界で、実存主義はマルクス主義やプラグマティズムと並ぶ世界三大哲学潮流の一つであった。サルトルはその実存主義の旗手であっただけでなく、哲学界の輝ける一等星だったのだ。そのサルトルが最ももてはやされたのは、本国のフランスではなく、日本であった。そのサルトルが言う。

実存は本質に先立つ。人間は先ず実存し、世界内で出会われ、そのあとで定義される。人間は最初はなにものでもない。人間はあとになってはじめて人間に、自らつくったところのものになる。これが実存主義の第一原理であり、主体性だ。人間は先ず、未来に向かって自らを投げるものであり、その自己投企を意識する主体である。この投企に先立って、なにものも存在しない。
（『実存主義はヒューマニズムである』）

人間はたった一人で生まれてくる。変更不能な特定の本質をもって生まれてくるのではない。たしかに自分を生んでくれた両親や家族、その家族が住む社会・国家や自然という環境によって

「自分」は決定される。しかしそれは「自分であること」の第一決定要因ではない。人間は自己決定によって「ある特定のもの」、「自分」になってゆくのである。自己決定とは「自由」の別名だ。これがサルトルの人間論の核心である。

家父長的な家族の束縛、共同体や国家への献身の強要、つまりは自分の人生を自分の意志で自由に選んでゆくことを阻むさまざまな障害物に囲まれていた一九六〇年代までの日本と日本人にとって、サルトルの実存思想は、天上で輝く星だった。

六〇年代まで、農家や商家に生まれた長男は都会の一流大学へ進学すること、女はサラリーマンと結婚すること、それが家族や地域共同体から脱出するわずかなチャンスであった。大学進学と結婚は「合法的な家出」であった。(私の進学も妻の結婚もこの家出の一種である。)

しかし一九八〇年代以降の日本はどうか。自分の進路、人生選択の自由は存在しないのか?存在する。家族や地域に自分を縛りつけなければならない制約は存在するのか? ほとんど存在しない。

老若男女を問わず問題になっているのは、「いまだ自分はなにものでもない」、「やりたいことがわからない」、「いまやっていることに充実感をもつことができない」、これである。したがって「これをやろう」、「こんな人生を歩もう」「こんな人間になろう」というきちんとした目標をもって日々を生きることができない(と実感している)。

サルトルは「人間はなにものでもないものとして生まれてくる」(本質に先立つ実存)といっ

た。ところが日本の現状は、「自分はいつまでもなにものでもない」、「現在の自分（＝現存在＝実存）は本質（＝個性）をもたない存在である」だ。フリーターだけのことではない。定職をもつ人の過半も内心はそう感じている。

じゃあ、主体的に自分を投げ出す、なにものかになるために決断し、実行すればいいのか？　そうはいかない。なぜか？　自分を投げ出す目標やチャンスが多すぎるからだ。いま・ここで自己決定しなければならない必然がない、もっといい目標やチャンスがやってくるかもしれない、からである。

実存主義が廃れ、サルトルがスターの座から転げ落ちた理由ははっきりしている。その人間論が一面的であり、共同体に強く拘束される社会でこそ通用する思想だからだ。

15　快楽論――エピクロスの「快とは善である」

エピキュリアンを広辞苑で引くと「（エピクロス主義者の意）快楽主義者。享楽主義者。」とある。エピクロス（前341－前270）とは古代ギリシア末期に活躍した唯物論哲学者だ。しかしこの哲学者ほど、世の中に広まったイメージとその実像とが遠い哲学者はいないのではないだろうか。

欧米では唯物論者というと、酒池肉林の享楽主義者で、社会に通用している道徳を踏みにじる破廉恥漢とみなされる。「私は神も仏も信じない唯物論者だ」などと自ら胸を張って名のるような言葉ではない。唯物論者と名指すだけで相手の社会的地位や信用を打ち砕くことができる、立派な非難語、差別語なのだ。古代ではエピクロス、近代ではルソーがその代表者とみなされ、世間から危険思想家、忌避あるいは憎悪の対象とされてきた。（ただしエピクロスとルソーの思想は一八〇度ほども異なっているのだが。）

たしかにエピクロス哲学の第一原理は「快とは善である」という命題だ。気持ちのいいことが、道徳的にＯＫである、というのである。金もうけが好きだ。なぜか。金で買えないものはないからだ。恋だって買うことができる。好きなことを追求すると、気持ちがいい。しかも望むものを手に入れることができる。どうして道徳的に非難される理由があるのか。こういい放ったＨ氏だが、まさにエピキュリアンの代表選手である。

エピクロスは世にいう快楽主義者ではない。エピキュリアンとは、無人島を借り切って、全員ヌードでフリーセックスに興じる秘密クラブの会員というのが、その典型的なイメージである。まさに酒池肉林の破廉恥漢である。しかしエピクロスはエピキュリアンではない。

「快は善である」とエピクロスがいう場合、問題の焦点は「快」にある。Ｈ氏は「金もうけが快であり、善である」、「金で好きなものが買えるからだ」という。エピクロスなら問うだろう。「金ですべてが買えるとして、金を常にもうけることができるのか」と。そして答えるだろう。

金が善（快の素）であるという人は、金がなければ不幸であるといっているのだ。金次第の、金に縛られた人生を送っている。金が快の原因でもあり、不快（不幸）の原因でもある。H氏の快は苦と表裏一体なのだ、と。

「快とは心と体に苦（痛）がないことである。」これがエピクロスの定義だ。「体の苦痛とは病気であり、心の苦痛とは不安である。快とは体が健康で心が平和な状態である。」では健康と平和をどのようにしたら手に入れることができるか。特に難しいことはない。「自然に適った生き方をすればいい。身体（自然）が必要としている最低限度のものを自然からえて生きる。心（自然）に不安や恐怖をもたらすもの（不自然）を避ける。」

したがって飽食や贅沢は、自然が与えるもの以上を望むことで、自然に逆らった生き方であり、苦痛の種である。死を恐怖したり神にすがったりするのは、自然を超えたもの（現実には存在しないもの）に縛られることで、それこそが不安や恐怖の種なのだ。たとえば「死の恐怖」である。「死は、死がやってくるまでは存在しない。死がやってくればもはや死（の恐怖）は存在しない。死への恐怖は、人間たちが勝手に造った幻像（非存在）を恐れる根拠のない想像物にすぎないのだ。そんなものを恐れる必要などない。自縄自縛を解きなさい。」

心の欲するままに生きる、これが心の平和（アタラクシア）を説くエピクロス哲学の最後の言葉である。「欲するまま」とは「恣意的」ということではなく「自然に（おのずと）」ということである。心の外からやってくるものに支配されない、ということだ。

エピクロスは古代ギリシアの衰退期、戦乱と社会不安のなかを生きた思想家である。そのなかで心身に苦痛のない生き方を求め、外部から遮断された、自給自足で生きる学園＝楽園（エピクロスの園）を建設しようとした。今日の言葉でいえば自給自足のエコライフ楽園である。

16 自省論——完璧な人になれ

哲学者の理想（モデル）と仰がれる西のプラトンも東の孔子も、哲人政治を理想とみなした。しかし君主が賢者になることは至難である。それで哲学者が君主の政治顧問（指南役）となって、正義に適う政治を実現することをよしとした。

ところが古代ローマ帝国の皇帝に哲学者がなったのである。五賢帝の最後の皇帝マルクス・アウレリウス（121‐180　在位161〜180年）である。皇帝継承者に指名されたのが一八歳で、一九歳で執政官になり、即位したのが四〇歳の時だった。在任中は、外敵を討伐し、撃退する戦いの連続で、五八歳までほとんど心休まる日はなかった。しかし、落日の歩みをはじめたローマ帝国は、賢帝アウレリウスの奮闘にもかかわらず、その衰退の速度をゆるめることはなかった。

ローマの哲学者たちがくりかえし論じたのは、「快は善であり、苦痛は悪である」である。だがこの皇帝は「苦痛は恥ずべきものではなく、人生の舵取りたる精神を劣悪化させるものではない」「苦痛は、理性に由来するかぎり、また、国家公共にかかわるかぎり、精神を退廃させ崩壊させるものではない。」と記した。

エピクロスのいうように、苦痛は避けるべきだが、より重要なのは、耐えることの出来ない苦痛はない、ということを忘れるべきではない、というのである。われわれを不愉快にし、不機嫌にする多くのもの、たとえば、居眠り、発熱、食欲不振のごときは、苦痛から生じたものであり、それに気がつかないだけなのだ。その原因を知らないから、簡単に耐えることの出来る苦痛に負けているだけなのだ。われわれが抱く苦悩の多くは、持病から生じる、と断じる。

そのアウレリウス皇帝が、持病持ちだった。不治の病に罹ったローマの国家公共の命運をその肩に負っていた。彼が抱く苦悩の大きさは、尋常の人間では計り知れなかった。その皇帝がいう。困難に臨んで、憂悶し、動顛し、悪口を吐く連中はどうなったか。姿も見ないではないか。いたずらなることに悩むなどは、他人にまかせておくがいい。「おまえ自身は、お前が出会う出来事をいかに適切に活用するかという課題にたいして、間然とするところのない完璧な人間になろうとすればいいのだ。そうすれば、お前はチャンスを立派にいかし、完璧な人間になる条件を備えることになるだろう。」

理性をもって目前にある仕事をなしとげようとすれば、それがどんなに困難であっても、恐れることはなにもない。正しき道を歩み、理想的な人間にふさわしい活動を推し進めれば、おのれを阻む障害を危惧するには当たらない。「完璧な人間たれ！」と。

では、理性にもとづいて完璧をめざす人間は、どんな事態を前にしても、心に憂慮や煩悶、動顚や呪いの言葉を吐かないだろうか？　アウレリウス自身憂悶の人であった。その『自省録』は、動顚し、切歯扼腕し、悲憤慷慨するさまを記し留めている。彼ははなはだしく心を痛めた人なのだ。

ただし彼は、つねに自分の心に向かって語る。自分の感情を抑え、外に出さないためにである。つまり、完璧（理想）をめざすからこそ、より大きく憂悶し、動顚するのだ。自分や他人のぶざまな姿に、切歯扼腕し、悪口を吐くことさえ敢えてするのだ。だからこそ、理性を出動させ、自分の感情をコントロールしなければならないと、みずからに強く強く言い聞かすのである。自省である。自己煩悶であり、自己反省であり、自己抑制である。

アウレリウス皇帝の『自省録』はペシミズム（厭世主義・悲観主義）に満ちている。しかしそれは、国家と公共の命運を担った人間、大きな課題を負った者が、衰退の過程を必死で押し止めようとする敢然たる戦いのなかで、自分に鞭を打つ叫びなのだ。わずかの苦痛を種に金切り声を上げる悲観主義とは違う。悲痛だが気高い。

17 和をもって貴し──聖徳太子

日本の最初の哲学者は誰か？　これは一度は考えておくべき問いである。

哲学はギリシア生まれで、最初の哲学者はギリシアのタレスといわれているが、厳密な意味ではプラトンである。しかしチャイナの孔子はプラトンよりもわずかだが先人である。孔子も哲人中の哲人であるとすることに、異論をはさむものはいないだろう。

翻って日本だ。中央公論社に「日本の名著」シリーズ（全50巻）がある。現代語訳の「日本の哲学集」と呼ぶべきものであり、「世界の名著」とともに非常に重宝している。その第一巻が『日本書紀』で、ご承知のように、書中の大スターが聖徳太子である。

太子は誕生とともに言葉を話し、聖人の知恵をもっていた。成人後は十人の訴えを一度に聞いてもよく判別し、これから起こることをぴたりと言い当てることができた。（まるで釈迦と同じだ。）仏教、儒教の哲理に通じ、天皇を助けて摂政を務め、蘇我馬子とともに内乱を鎮め、大国隋の圧迫に屈せず対等な外交をはかった。冠位十二階を定め、十七条憲法を作る、等々。

『日本書紀』は太子を、政治経済、外交軍事、文化文芸の万般にわたるリーダーで、なによりも哲学者、知を愛し、知の研鑽にはげんだ学者でもあった、とする。太子と比較すると、神武も崇神も、応神、近くは天智（中大兄王）も物の数ではなくなる。太子が歴代のスターと異なる最大点は、聖人すなわち哲人であることにある。

「日本の名著」の第二巻は『聖徳太子』である。（ちなみに第三巻が『最澄 空海』）書中には『三経義疏《さんぎょうぎしょ》』や『十七条憲法』など、太子の作とみなされる著作が収められている。三教とは三教典のことで、「義疏」とは注釈書のことである。

その十七条の憲法の第一条にこうある。

「和をもって貴しとし、忤《さか》らうことなきを宗とせよ。人みな党《たむら》あり。また達《さと》れる者少なし。ここをもって、あるいは君父に順わず。また隣理に違う。しかれども、上和らぎ、下睦びて、事を、論《あげつら》うに諧《かな》うときは、事理おのずから通ず。何事か成らざらん。」

争いを避け、和を貴とする日本と日本人に固有な精神の典拠として引かれる箇所だ。第十七条はまるでデモクラシーの原理を説く（ようだ）。

「それ事はひとり断《さだ》むべからず。かならず衆とともに論《あげつら》うべし。少事は軽し。かならずしも衆とすべからず。ただ大事を論うに逮《およ》びては、もしは失《あやまち》あらんことを疑う。ゆえに衆と相弁《わきま》うるときは、辞《こと》すなわち理を得ん。」

「平和と民主主義」、戦後思想の原理がすでに千四百年前に太子によって説かれていた、といってもいいほどなのだ。

しかし太子は、たんなる平和主義者でも民主主義者でもなかった。

外患に対しては、弟を最高官に配して新羅との戦いを指揮し、新羅を背後で支援する隋に対しては、「日出づる処の天子、書を日没する処の天子に致す。恙《つつが》なきや……」という国書を送って、対等外交の構えを保持しようとした。内憂に対しては、馬子と連携して、政敵の物部守屋を倒し、自ら推した崇峻（天皇）を誅し、推古の即位とともに摂政になって国権を長く保持した。

だが、この聖徳太子を日本最初の哲学者とすることはできない、というのが私の意見である。『日本書紀』に列挙された太子の事跡も、『聖徳太子』に収められた著作も、太子のものとする証拠はなく、そもそも太子の実存在さえ疑わしいからだ。

太子の思想も、事跡も、すべて『日本書紀』編纂を命じた天武・持統が理想とみなした国家像、思想像の凝縮とみなすのが穏当な答えである。（私見を述べれば、太子像に最も近い人物は蘇我馬子である。）

18 不平等起源論——ルソー

ルソー（1712-1778）は、ジュネーブに生まれ、孤児どうぜんに育った。しかしその類い稀な美貌と華麗な文才によって『人間不平等起源論』『社会契約論』の二冊を書き、哲学思想史上のスターになった。日本で最も大きな影響を与えた哲学者といえば、ルソーとマルクスである。

「民主主義＝平等」と盲信している人たちは、明治維新後に、そして敗戦後に『人間不平等起源論』をバイブルのように崇拝した。よく理解しないままにである。この書物の要約を示そう。

人間には「二種類の不平等」を考えることができる。一つは「自然的あるいは肉体的不平等」だ。年齢、健康、体力、それに精神の資質の差で、生まれつきのものだ。もう一つは「道徳的あるいは政治的不平等、すなわち社会的不平等」だ。豊かさ、尊敬、支配というような特権からなり、各種の制度や習慣によって正当化されている。

社会状態のさまざまな階層を支配している教育や生活様式の驚くべき多様さと、みんなが同じ物を食べ同じように生きている動物や未開人の生活の単純さと画一さとを比較してみるといい。いかに自然状態で、人間と人間との相違が、社会状態よりも少ないか、また、自然の不平等がいかに制度の不平等によって増大しなければならないか、を理解できるだろう。

自然状態の人間は、森の中を歩き、生活技術も、言葉も、住居もないが、戦争も同盟もなく、同胞を少しも必要としない。相互に危害を加えることを望まず、おそらく同胞を個人的に確認することすらなく、未開人はごくわずかな情念にしたがうだけで自足し、この状態にふさわしいだけの感情と知識の光しかもっていなかった。彼は、自分の真の欲求だけを感じ、見て利益のあるものしかながめず、その知性も虚栄心も肥大させることもなかった。もしたまたま何かの発見をしても、自分の子どもさえ覚えていないのだから、それを伝えることはできない。技術は発明者とともに滅び、世代は空しく重ねられ、あらゆる世代はつねに同じ地点から出発するので、幾世紀も初期の時代の粗野そのもののうちに過ぎ去ってゆく。種はすでに老いているのに、人間は依然として子どものままだった。

ところが、社会が、社会的不平等が生まれた。その創立者は、ある土地に囲いをして、「これはおれのものだ」ということを思いつき、人々がそれを簡単に信じることを発見した最初の人間である。この杭を引き抜き、あるいは溝を埋めながら、「こんな詐欺師のいうことを聞くのは用心したまえ。産物が万人のものであり、土地がだれのものでもないということを忘れるならば、君たちは破滅なのだ！」と同胞たちに向かって叫んだ人があったとしたら、その人はいかに多くの犯罪と戦争と殺人と、またいかに多くの悲惨と恐怖を、人類から取り除いてやることができただろう。

まさに、土地の分配が新しい種類の権利、自然法から起こった権利とは異なる「私有」という権利を作り出した。

以前は「自由で独立」であった人間が、いまや無数の新しい私的欲求の奴隷となって、自然にも同朋にも屈従しなければならない。富んでいれば同胞の奉仕を、貧しければ援助を必要とするからだ。

私有財産（土地所有）こそ不平等、経済的貧困と政治的抑圧と文化的蒙昧の起源である。私有財産を廃絶せよ。これがルソーの主張である。同時に、マルクス主義＝社会主義の主張でもある。貧困・抑圧・蒙昧をなくすと約束した社会主義の七〇年余の実験が、自由の喪失と貧困・抑圧・

蒙昧の平等を生みだしたことは、忘れてはならない。

19 代表的日本人哲学者——三宅雪嶺

近現代日本の代表的哲学者は誰か？　これは一般知識の範囲に入る問題である。たとえば、外国人との対応で、「あなたの国の最も有力な哲学者は誰ですか？」と尋ねられて、答えられないと、大いに恥じて当然である。

通常の教科書的知識の範囲でなら、日本を代表する哲学者は西田幾多郎である、といっていい。西洋哲学と東洋哲学を融合した独創的な思索者であり学者である、と評される。西田の門下生を京都学派といい、日本の「哲学」界では東大閥を圧倒している。

しかし西田の哲学書は、そのほとんどが学問としての哲学、哲学の専門研究である。つまりは哲学・学者を対象としている。独特の専門語と、難解な文体で書かれているから、哲学研究者以外にはほとんど読解不能だ。

西田の著書のような本は無駄で、どうでもいい、といいたいのではない。しかし哲学である。原義は「愛（フィロ）・知（ソフィー）」である。「知を愛する」のは人間だけがよくすることができるのだ。知には学問知も入る。だがもっと広く、宇宙・地球・国家・社会・世間・人間の知のことだ。西田が研究し言及した知の世界は、狭い。

では、愛知に相応しい知を対象にして哲学を論じた日本の代表的な哲学者は誰か？　第一人者は、通常の日本哲学史ではほんの付け足し程度にしか出てこない三宅雪嶺（1860－1945）である。

雪嶺には学問としての哲学研究書がある。代表作が独創的な体系書『宇宙』である。さまざまな角度から書かれた人生論がある。代表作が『世の中』である。歴史論がある。雪嶺の生誕から死までの、政治経済、文化芸術、生活事件、人物を編年体にスケッチした『同時代史』（全六巻）である。司馬遼太郎の人物評価の下敷きになったといわれる秀逸な人物論がある。『人物論』だ。そして一九三二年以降敗戦まで、新聞に隔日連載された哲学的時局論がある。単行本化されて『一地点より』以下一一冊がある。

その論究した範囲が広く、厚みがある。まさに百科全書家で、上にあげた書物はいずれもその分野で第一級である。しかも誰でも読みこなすことができる。

哲学者は世俗を超越した世界に生きるという迷信がある。象牙の塔の住人だというのも同じ意味だろう。たしかに世俗を超える。しかしそれは世俗を広く深く理解するためにである。広大無窮から魑魅魍魎までを知の論究対象にするのだ。

おそらく雪嶺はギリシア発の哲学者というイメージに最もぴったりとする知者の一人である。もちろん日本で雪嶺の右に出る人はいない。ところが忘れられた人なのだ。

雪嶺の思想を一言でいえば「国粋保存」である。いわゆる「欧州主義」に拮抗するための主張だ。だが「国粋」とは、祖先伝来の旧事物を保存して、欧米の事物に拮抗しようとする「守旧論者」とはっきり主旨を異にする。

「国粋」は、日本開化の中心である首府において、三〇年前の攘夷論を復活させようとするがごとき「国粋党」ではありえない。たとえ欧米の風俗を採用しても、旧来の風習を打破しても、日本在来（固有）の精神を保持し、顕彰するためであり、開明社会の知識思想から生まれたもので、旧物保存主義ではありえない。「国粋とは、無形的の元気にして、一国の特有であり、他国が模擬すること不能なものである」（「余輩国粋主義を唱道する豈偶然ならんや」『日本人』明22／5／18）。

雪嶺は、西田と同じ金沢生まれで、一〇歳年上だが、なくなった年は同じだ。奇縁といえる。

＊拙著『三宅雪嶺　異例の哲学』（言視舎）を参照あれ。

20　哲学ではなく哲楽

「哲学」という訳語は厄介である。幕末から明治にかけて西欧学問の輸入に功績のあった西周《にしあまね》の訳語である。西の含意では、百学（諸科学）を統合する学の中の学（Science of sciences）であった。諸学を統合する諸学の王が哲学である。これはプラトン以来の西欧哲学史の伝統に添った訳語であるといっていい。しかしチャイナの伝統にも、日本の伝統にもふさわしいものではなかった。西洋思想史の伝統に範をおいた日本の思想家、たとえば日本のルソーといわれた中江兆民が「日本には哲学がない」といったり、のちに戦後日本思想のチャンピオンといわれた丸山真男が「日本の思想は無思想である」といった理由である。

ところで、古代ギリシア以来、ミュージックは、もともとは数学と同じように、「科学」(sciences 諸学)であった。「音楽」ではなく「音学」と訳されるべきものだったのである。逆に「文学」や「哲学」は「文楽」や「哲楽」と訳されたほうがわかりやすく、自由闊達で親しみやすかったにちがいない。「音を楽しむ」と「音を科学する」とでは対極のスタイルに思えないだろうか? 哲学は知「楽」である。もちろん知を知る(認識する)のも、知を愛し楽しむことの中にはいる。

「哲学」とはフィロソフィ(philosophy)の訳語である。古代ギリシア生まれでフィロソフィアは、語義上は、たんにフィロ=愛、ソフィア=知である。

ところでこの「愛」が難物なのだ。ギリシアでは大別して三種の愛がある。

一つは「求める愛」である。その極限(理念型)がエロス(eros)で、プラトンによれば、有限で不完全な人間が無限で完全なものと一体化しようとする情熱である。したがって、もともとは肉体的・性的存在との合一をめざす性愛とは対極にあった。だがのちに転じて、人間が異性に対する情熱(性愛)を指すようになる。

二つは「与える愛」である。その極限がアガペー（agape）で、無限で完全なものが不完全なものに与える愛である。もともとは「神が人間に対する愛」のことであった。しかし、そこから転じて、他者に対する没我的な愛を指すようになる。神に倣いて人を愛するである。

三つは人間と人間との間に成立する愛である。その極限がフィリア（philia）で、友愛（友情）をはじめとした親しい仲間に対する愛、親愛だ。いうまでもなく、フィロはフィリアと同族同種である。

プラトンの弟子のアリストテレスはフィリアを強調したが、親愛はキリスト教における隣人愛、兄弟愛、同胞愛につながってゆく。同時に、アリストテレスは、人知を超える「形而上学」（超自然学）を第一哲学とし、自然の知（認識学＝自然学）と人間と社会の知（倫理学）を第一哲学の支配下においた。西欧哲学の学的伝統形式ができあがったのである。西周が「哲学」と述べたのはこの第一哲学に対応したものだ。

つまり「愛知」とは、西欧哲学史の伝統では、人間が求めうる真理＝科学（truth）、神（万有普遍）の真理＝摂理（providence）、人間の間での真理＝法・道徳（right and moral）に大別される。だがこの伝統とは異なって、フィロ・ソフィア＝愛知の根本は、人間のあいだに成立するフィロ・フィリアの知である。人間知・世界知なのだ。その中核にあるのが、人間学であり、人生論である。チャイナの孔子『論語』以来の伝統、日本の江戸期に確立した伊藤仁斎を頂点とする人間学の伝統と合致する。

哲学という訳語を変えることは、いまとなっては至難の業である。しかし、哲学が含む広くて深い含意は、当然知っておいたほうがいい。

Ⅲ

古今東西——社長の読書

1 石橋湛山──現代日本が進む全体指針を与え続けた偉人

（いしばし　たんざん　1884-1973）

1 政治経済ジャーナリストとして大傑出する

「偉人」という言葉で最初に念頭に浮かんだのが石橋湛山であった。「偉人は事に臨んで大なり」（A great man is equal to any occasion）といわれる。まさに湛山を指している言葉のように思える。湛山は、難局に臨めばますますストロング振りを発揮した。三つほど挙げてみよう。

第一は、「大日本主義」批判である。大正期、日清戦争と日露戦争に勝利し、第一次世界大戦（欧州大戦）で火事場泥棒的にアジアに覇を広げようとする日本の国策＝植民地拡大路線に対して、真っ向から闘いを挑んだ。その主張は、日本は満洲はもとより「朝鮮台湾樺太も捨てる覚悟をしろ、支那やシベリアに対する干渉は、もちろんやめろ。」これこそ日本を生かす唯一の道で、対英米開戦（＝国滅）を回避する道である、という。

第二は、金輸出解禁批判である。大正末から昭和初期にかけて政財界がこぞって推し進めた「旧平価金輸出解禁」に極少数派「四人組」の先頭に立って一貫して反対し、「新平価解禁」を主張した。政府が断行した金解禁は、三億円近い正貨流出をもたらし、世界金融恐慌・経済恐慌ともぶつかって、恐慌の傷を深め、一年余で再金輸出禁止を余儀なくされた。

第三は、天皇陛下の停戦宣言の日を、日本人が茫然自失の中、「実に日本国民の永遠に祈念すべき新日本門出の日である」と喝破した。植民地を失い、軍備産業等にも制限を受けざるをえない敗戦日本の条件こそ、湛山が長く主張してきた、軍備縮小と自由貿易と教育・技術立国を基本とする日本の将来発展にとってまさに千載一遇のチャンスをもたらす、というのだ。

どの主張も、極端で少数派の「異端」に聞こえるだろう。反体制派の極論に響くだろう。しかし反対のための反対、へそ曲がりの異論ではないのだ。

人材以外にさしたる資源がなく、自給自足が困難な日本の政治経済の正道は、自由市場経済を推し進め、市場の自由競争に活路を求めること以外にない。軍を押し立て、他国を領し、米英露に対抗する「大国主義」は日本を衰滅の隘路に追い込む。これがジャーナリスト湛山のアルファでありオメガだ。湛山に優るジャーナリストを日本はまだもっていない。

2　軍や占領軍の強権にもたじろがなかった剛直の人

湛山は自らを「自由主義者」(リベラリスト)と称した。右でもない、左でもない、鵺《ぬえ》のようなどっちつかずの言動の持ち主のことではない。ヨーロッパにフリー・シンカー(独:フライ・デンカー)という言葉がある。国王や教会の権威に従属しない、自立自尊の精神を持つ人のことで、オランダのスピノザやイギリスのヒュームがその代表である。ともに哲学者だ。湛山はこの系列の一人である。最も典型的な一人だといっていい。

戦後、湛山は自由党から立候補（落選）し、吉田茂内閣の蔵相を引きうけ、戦後復興の陣頭指揮に立ち上がる。そのとき、軍ばかりか日本の無力化、日本人の無気力化を図る占領軍の方針としばしばぶつかった。日本と日本人の再生を願う湛山は積極財政、生産回復第一を主眼に掲げ、各所で占領軍や緊縮財政を図る官僚とぶつかった。

占領軍の脅かしやすかしにたじろがず、具体的な方針を次々と打ち出す湛山を外国人記者たちは「ストロングマン」と渾名した。四七年、手こずる占領軍は理不尽にも伝家の宝刀である「公職追放」を発して、湛山を政界から追い出した。戦前、軍と官僚が主導した戦争拡大政策に誰よりも強く一貫して反対したのが湛山であったのにだ。もちろん占領軍に哀訴嘆願の振る舞いに及ばず、追放の誤てることを示す膨大な証拠資料を突きつけて、論戦を挑んだ。だが日本の権力の埒外に存在する占領軍の命令である。ただこの時、湛山擁護にまわらなかった吉田首相の行動は不可解なまま残っている。

五一年、追放解除された湛山は、政界に復帰し、五六年一二月、自由民主党総裁選で岸信介を破り、二三日内閣総理大臣に任命される。七二歳であった。ところが、翌年一月、倒れ、二月総辞職する。最短命内閣であった。

3　湛山の本分は哲学＝生活の全体的指針を追求する精神である

湛山は一八八四年に東京で生まれた。父は石橋堪誓で、のちに日布と改名し、総本山身延山久遠寺法王に登った。自立自尊の精神をを学ばせるため、父は湛山を一〇歳の時に他寺に預け、中学までそこで過ごさせる。中学で二度落第し、医者志望で二度一高受験に失敗する。早稲田の予科（哲学科）に進んだ湛山は、本科を首席で卒業する。大学教授の道も可能な人生初めての望外の結果であった。だが教授の道を選ばず、島村抱月（早大）の推薦で東京毎日新聞の記者になり、ジャーナリズム界に身を投じる。二七歳で東洋経済新聞に移り、はじめて経済問題に取り組まざるをえなくなる。哲学教授を断念したが、哲学を捨てたのではない。

経済学（金）と哲学（心）は両極端のように考えられている。そうではない。三〇歳、湛山が本格的に取り組んだ経済学の父と称されるアダム・スミスは道徳哲学教授である。

哲学の本分はだれもが必要とする生活の全体的指針を、専門的に考え、論理で示すことである。これが湛山の哲学の定義である。人間と社会が必要とする政治経済生活の指針を専門的論理的に与えるのが経済ジャーナリストとしての湛山の役割である。哲学の本分の具体的実践であり、哲学と少しもかけ離れた言動ではない。

湛山は僧侶となるべくして生まれ、試験や受験が苦手で不面目ながら落第と浪人を繰り返した。ために志望の医者や大学教授になれず、門外漢の経済ジャーナリストになり、戦後政界に身を投じた。文字づらだけを見れば、仏の道と哲学の道からますます離れていった人生のよう思える。しかし湛山の言論活動、政治活動に一貫しているのは、人生の難局をいかに的確かつ具体的に切り開いたらいいのかの方針を示し、実践することであった。まさに哲人湛山和尚の面目躍如たるところである。

2 ケインズ――戦後世界の基本路線を打ち建てた政治経済学の巨人

（ジョン・メイナード・ケインズ　1883-1946）

1 戦争、恐慌、社会主義――時代の子

時代が偉人を創る。優れて稀な人間がどれだけ独創的であろうとも、課題はつねに時代が提供したものなのだ。とくに社会学者の場合はそうである。社会学の一分野である経済学の巨人ケインズも例外ではない。

一八八三年、カール・マルクスが死んだ。この年二人の経済学者ケインズとシュンペータ（1883-1950）が生まれたことはよく知られている。もう一人オルテガ（1883-1955）がマドリードに生まれたことも記憶にとどめてほしい。三人とも成長する大衆社会と、危機に

陥った資本主義を「超越」しようとするマルクス主義・社会主義との闘いを生涯の課題に据えなければならなかった。わずかに一年遅れて生誕したわが石橋湛山（1884-1973）も同じ課題をもって生き抜いたのである。

この四人の前に最初に立ちふさがった時代の壁は第一次大戦である。大戦はロシアに社会主義という鬼子を産み落とした。同時に資本主義世界に世界恐慌の大暴風雨を発生、拡大させて、日独伊等にもう一つの鬼子である国家社会主義を急成長させた。四人が闘わなければならなかったのは戦争と恐慌、二つの社会主義である。

経済学者ケインズには『雇用、利子および貨幣の一般理論』（1936）というおそろしく難解な主著がある。自分の説は「一般理論」で、旧来の説は部分的に妥当するにすぎない特殊理論であるという自信満々の主張である。湛山はこの書が出版された年に購入し読んでいる。すごい！

2 「自由放任の終焉」とは？——自由主義者

のちに「ケインズ革命」といわれる主張の第一命題が「自由放任の終焉」である。

この言葉が一人歩きする。ケインズは「自由競争」を否定し、国家（政治）による規制と統制の必然を主張した、という官庁エコノミストの経済運営に都合のいい看板となる。

第二命題は「需要がそれみずからの供給を創造する」である。景気後退期には、国家が積極的な財政（金融）出動をし、雇用創出をはかり、供給（生産）の回復をはかる必要があるという主張で、この命題も公共投資一本槍の経済運営に利用されてきた。(もっともどんなに優れた主張や理論でも、実際の適用場面で「誤用」や「悪用」を免れるのはむずかしい。)

だがケインズの哲学は個人の自由をなによりも尊ぶ自由主義が基本である。物質的幸福と社会的平等(「最大多数の最大幸福」)を疑わないベンサム流の大衆の「計算」(要求)こそ「寄生虫」の生き方を許すものであり、ベンサム主義の極端な帰結こそマルクス主義およびナチズム(国家社会主義)に他ならないとするのだ。

ケインズの主張は、極限すれば「資本主義に搾取される悲惨は、全然搾取されない悲惨と比べれば取るに足りない」(ジョージ・ロビンソン)という言葉に集約されるだろう。かつてケインズ(流の計画経済)をブルジョア階級の「最後の隠れ蓑」と批判した社会主義は、社会主義の崩壊後、ケインズ主義(=国家資本主義)を隠れ蓑に「国家」に寄生する企業や人間の生き方をすすめている。資本主義に搾取されない、生活保護や格差解消やホームレスの生き方の推奨に見える。

「国家のなすべきことで最も重要なことは、私個人がすでに達成しつつある諸活動に関連するものではなく、個人が担当できる機能の範囲外にある。もしも、国家が実行を決意しないとすれば、だれ一人として実行を決意することのできない決意に関連するものでなければならない。」(『自由放任の終焉』)これがケインズの基本哲学なのだ。

3　「平和の経済的帰結」——リアリスト

ケインズは経済学者であった。同時に政治に積極的かつ深く関わり、国内外における政治経済の重大局面で「予言」し、「説得」することをやめなかったリアリストである。予言は（のちに多くが）当たったが、説得は失敗の連続であった。

大戦後の一九一九年、パリの講和会議にイギリス大蔵省首席代表として出席する。ドイツを二度と戦争にたちあがることができない国にする、これが欧州諸国の「平和主義」の基調であった。対してケインズは、敗戦国ドイツに対する賠償請求額を支払い能力に応じた額にすることを主張した。だが破れ、代表を辞す。ケインズの「予言」は、「平和主義」が次の大戦を生むというもので、実際にドイツでナチスの台頭を生んだのである。

第一次大戦後、世界同時恐慌が生まれた。ケインズは積極的な雇用の創出を、そのための公共事業への積極財政出動を主張した。だが雇用は移動するだけだ、新規創出はないという大蔵省や経済界によって拒否される。

第二次大戦後の金融体制のあり方をめぐって、ＩＭＦ（国際通貨基金）の創出に奔命した。だがドルの優位は動かしがたく、ケインズは反対した案を議会に提出しなければならなかった。

だがケインズの政治的「敗北」が、第二次大戦後の資本主義諸国の政治経済の基本路線を敷いた、といっていいだろう。

4　ケンブリッジ――超エリートの生活

ケインズの公的生活は大忙しであった。その上、投機や各種の事業に身を挺し、名画の公的収集や芸術活動の振興に尽力し、稀覯本をはじめとする書物の私的収集に熱中することをやめなかった。しかしその私的生活圏はケンブリッジと大学、広大な屋敷と二つの別荘を離れることはほとんどなかった。

彼は時代の子だったが、ケンブリッジの生みの子でもある。ともにケンブリッジ大出身で経済学者の父とケンブリッジ市長にもなった母をもち、イートン校からケンブリッジで学び、一度は官僚になったが、すぐに大学に戻り、大学の教育と経営に深く関わり、つねにケンブリッジに回帰したのであった。

彼の周囲には同窓の超俗的な美的生活を第一とする仲間がいた。小説家のローレンスが「ゴキブリ」同然と唾棄したグループである。ケインズはこの仲間を離れることがなかったが、同時に仲間から非難を浴びるほどの世俗的なリアリスト、とくに投機家であった。投機の失敗で一度破産の危機に陥った。それを補塡したのは『平和の経済的帰結』の印税であったとは、いかにもケインズらしい。

「優れたものはすべて稀であるとともに困難である」というのは哲学者スピノザの言葉である。ケインズは、一見して、やすやすと「稀で困難なこと」をやりとげてしまったように思える。ただしその理論の根底にある主意は同じスピノザの「大衆に抗して、大衆のために」という言葉にかぎりなく近いのではなかろうか。

3 佐藤一斎——孔子の『論語』を当世に甦らせた

（さとう・いっさい　1772-1859）

1　日本に哲学の巨才あり

「日本に哲学なし」（中江兆民）といわれたことがある。だが子細に検分するまでもなく、哲学の巨才とよぶにふさわしい人はいるのだ。とくに江戸期に多く出た。ただし哲人といっても、西欧哲学者のように、世俗から遠ざかった象牙の塔の奇人ではない。政治経済、文化生活等、実社会、実人生に益をもたらす見識を説く人たちだ。代表選手を挙げるなら、『童子門』を書いた伊藤仁斎（1627-1705）であり、幕末に『言志四録』を書いた佐藤一斎である。両著とも日本人の『論語』とよぶにふさわしい名著で、人間性の実相をうがって、いまなお有徳の人たちの座右の書として親しまれている。

ところが仁斎は町人学者でしばしば取り上げられるのに反し、一斎は学問世界ではほとんど名前が挙がってこない。大きな理由が二つある。一つは政治的立場で、一斎が幕府の官学を担った保守派の御用学者であったからだ。もう一つは哲理的理由で、一斎が朱子学を建前にしながら、朱子学に対立する陽明学徒であったことだ。哲理の命である「原理」(首尾一貫)を疎かにする折衷主義者とみなされているのだ。

門人三千人といわれる一斎の門人ないし強い影響を受けた人たちのほとんどは秩序維持派だが、門下に渡辺崋山、佐久間象山、中村正直(スマイルズ『自助論』の訳出)等が出ており、大きな影響を受けたのが大塩平八郎、横井小南、西郷隆盛等である。そのほとんど全部が革命家である。革命派は一斎の陽明学(「知行合一」)を受け入れたからだ、といういちおうの理屈は成り立つ。しかしである。

2 特異な思想形成──「陽朱陰王」

一斎の哲学思想は、その特異な人生経路と切り離すことはできない。生まれは江戸で、岩村藩(岐阜県)二万石の家老の二男に生まれ、はじめ信行といい、神童の誉れ高かった。藩主の三男で四歳年上の松平衡(たいら)と机をともにし、熱心に学んだ。しかし二人の運命が変わった。

寛政三年(1791)一斎は職を辞し、士籍を離れて、衡に勧められ大坂の懐徳堂の門を敲いた。衡のほうもまた寛政五年(1793)に、老中松平定信の命によって、後継を失った林家の大学頭《かみ》を嗣ぎ林述斎《じゅつさい》となった。ここに一斎は述斎の門人となったのである。

林家の塾「昌平坂学問所」が幕府立（国立大学）になることによって、述斎が対外的な行政経営を、一斎が対内的な教学を担当するという役割分担が生まれた。ときは寛政の改革のまっただ中だ。教育改革が強力に推し進められ、とくに弛緩した武士（公務員）倫理（モラル＝生き方）の再確立が二人の肩に背負わされたのである。

寛政は「異学の禁」で有名だ。これは「異学」＝「外国の学問」を禁じるという内容をもってはいたが、直接には林家の門人に朱子学以外の学問を学ぶことを禁じる、という法令であった。

ところがすでに一斎は陽明学に強く魅了されていた。字義の解釈に陥りがちな朱子学より、実践を重んじる陽明学を重要視していた。陽明学をさらに学びたい、という一斎の申し出を、述斎は、表向きは朱子学を重んじてほしい、といって是認したのである。ここに「陽朱陰王」、表向きには朱子学、裏では（王）陽明学、という特異な官儒が生まれた。

3　妖怪・鳥居耀蔵

一斎は文化二年（1805）三四歳で林家の塾長となった。四二歳で『言志四録』の第一書『言志録』を書きはじめ、五七歳で第二書『言志後録』、六七歳で第三書『言志晩録』、八〇歳で第四書『言志耋録』を書きはじめた。最後の書が刊行されたのは八三歳の時で、日本中が大騒ぎになったペリー来航期に当たる。

この間、面白い話が残っている。天保一二年、林述斎が亡くなると、一斎が幕府の儒官についた。いまなら東大学長である。同じ時期、天保の改革(「蛮社の獄」)で辣腕を振るったのが、はじめ目付でのちに町奉行となった鳥居甲斐守耀蔵である。人呼んで妖怪(耀甲斐)で非常に恐れられた。この耀蔵が林述斎の七男であった。父親とはことなり、一種の原理主義者で、「異学の禁」を犯すものを情け容赦なくびしばしと捕らえ、苛酷な運命に陥れた張本人である。一斎の門人渡辺崋山もその縄目を受け、自裁に追い込まれた一人なのだ。(なお崋山は著名な画家でもあった。一斎の人となりを彷彿とさせる肖像画を残している。)

耀蔵は述斎の子である。一斎は複雑な気持ちながら、なにくれとなく庇っている。しかし耀蔵のほうはこの仮面を被った朱子学者を歯ぎしりする思いで見ていたに違いない。

4 平易だが、実行が難しい

「少年時代に学問しておけば、壮年時代になってもそれが役に立つことができるし、壮年時代に学問しておけば、老年になっても気力の衰えることはない。老年になっても学問すれば、それが社会に役立つことになるから、死してもその名が朽ちることがない。」(晩録 60)

学問の必要と効用を説いた条である。一斎は八〇歳代になっても気力衰えることなく、学問に励むことができた。驚異である。しかし言外にいっているのは、人間は一生学ぶことができるのだ、という人生の要諦を示したことだ。若い時から学問をしていれば、老後に孤独だなどと愚痴をいう必要はなくなるということだろう。人生の全うの仕方を説いているのだ。

一斎はとくに難しいことを説いているわけではない。ただし、わかっても、実行しない人間の習癖をとりあげる。「過去になした誤りを後悔するものはあるけれども、過去の過失を改めようとする者は極めて少ない。」（言志録　43）

西郷隆盛は『言志四録』から一〇一条を抜書し、注釈を加え、座右の書とした。その中の一条に「なにごともせっぱつまって急いでやれば、事は失敗に終わる。あせらずに忍耐して好機を待つならば、物事を成就さすことができる。」（言志録　130）

平凡なくだりだが、実行となると難しい。ことに若いとき激発型だった西郷にとってはそうであったに違いない。

なお『言志四録』は「語録」ではない。エッセイである。各条が短いという意味でなら、箴言集（エピグラム）である。『論語』と同じように、いつの時代でも通じる「人間本性」についての随想録なのだ。（＊現代語訳は、久須本文雄訳『言志四録』講談社　上下によった。）

4 シュリーマン――功名心に燃える黄金探求者

（ハインリヒ・シュリーマン　1822‐90）

1　黄金への野望

《黄金夢》、ドイツ北部のバルト海沿岸の変哲もない村の牧師館に生まれる。父が聞かせてくれる古代ギリシアの偉大な叙事詩、ホメロスの二大叙事詩『イリアス』と『オデッセイア』に描かれた黄金の実在を信じた。《不幸》、母の死と父の乱行によって家族は壊れ、父は職を失い、貧困に落とされ、学業を断たれる。一〇代の後半を寸暇なき苛酷な小僧として過ごす。《富豪》、一九歳で村を出奔し、二三歳でようやく貿易商に雇われ、才を認められて、二四歳からロシアのペテルブルクに交易の根城をおき、奇跡的な商才を発揮し、巨万の富を獲得する。《黄金》、四一歳でビジネスの第一線から退き、世界旅行に旅立ち、古代黄金発掘の夢の実現に向かって進む。四四歳で考古学を学び、アテナイで助手となるべき妻をえて、四九歳でトロヤを発掘、黄金財宝をえる。《栄光》、五四歳でミケナイ、六二歳でティリマティスを発掘し、考古学史上に金字塔を打ち建て、六八歳で亡くなった。

ハインリヒ・シュリーマンの略歴をどんなに縮めてもこの程度の長さになる。「詩の真実」といわれるが、古典の傑作といわれる「詩」に「黄金真実」を求めるのは、子どもに特有の稚気である。不幸や苦難に打ちひしがれずに、幸運と努力で富と栄光を得る例も稀ではない。ここまではシュリーマンは英雄でも稀人でもない。しかし、人生半ばで地上の黄金脈を捨てることさえ難事なのに、「神話」の黄金郷を信じ続け、その発掘のために猛勉学し、莫大な私財を投じ、世人と研究者の嘲笑と妨害にもかかわらず、遺跡と黄金をともに発見し、その成果を学術書にまとめるまで徹底するのはさらに困難である。シュリーマンの偉大さは後半生にあるのだ。

2 「成功」の原動力は功名心

「ボーイズ・ビ・アンビシャス！」といわれる。「少年よ、大志を抱け！」でクラーク博士が札幌農学校一期生に向けて残した言葉である。ビ・アンビシャスは「大望を！」とも訳されるが、いささか平板な気がする。クラーク博士、なかなかに山師だったからで、実際、鉱山事業にも手を出して失敗し、晩年は不遇であった。「野望」でもちょっと狭いような気がする。「功名心」ならかなり近くなる。

一家離散、牢獄のような小僧生活から抜け出したい。抜け出さなければならない理由があった。結婚を約束した初恋の少女にふさわしい人間になるためである。結婚を阻むのは貧困だ。金を得たなら、人生の勝者になり、彼女を獲得できる。「金さえあれば」がこの青年の功名心の核にあるものだ。ところが病弱の上に貧しい。彼がもつのは、節約と正直と勤勉が勝利を約束するという信念だけであった。

彼がまず向かったのは新天地のアメリカのコロンビアであった。しかし出航間もなく難破にあい、九死に一生を得るが、病気も克服する。大不運と一寸の幸運が彼を楽天家にし続けた理由でもある。

ようやくアムステルダムに腰を落ち着け、彼一流の勝利の法則を実践しはじめる。第一は安い給料の半分を勉強のために使う。これは可能だろう。第二に勉強の中心に語学の習得をおくである。その方法が独特なのだ。
一、母国語であるドイツ語からはじめて、オランダ語、英語に向かう。まず母国語からはじめることが肝心である。注目されたい。
二、語学はビジネスに大いに役立つ。しかし正しくしゃべり、正しく書くことができることがめざされる。自在に書けると、ビジネスにも数倍役立つ。
三、習得の基本は暗記だ。英語なら名作の『ウェークフィールドの牧師』や『アイバンホー』である。音読を繰り返すことで、語学が身につき、集中・記憶力も向上する。
四、短期間の集中習得である。ほぼどんな言語も三カ月以内に熟達する。一年間で、フランス、スペイン、イタリア、ポルトガル語まで進んだ。脅威のスピードだ。
こうして二二歳の青年が大きな輸出商で通信・簿記の職をえた時、七カ国を使える正直と勤勉で、新しい主人を驚嘆させ、その才を買われてビジネスの新天地ロシアのペテルブルクに派遣される。客の言葉で商売ができる、これが彼の特性になる。

シュリーマンが実践した勝利の法則は、だれもが真似できる種類のものではない。成功の王道かもしれないが、手本にはなりがたい。ただし貧しく若い時、節約と正直と勤勉がめざす功名をえる法則であることは、古今東西変わらないだろう。

3 地上の黄金と地下の黄金をえる

ロシアで、利をもたらす所ならどこまでも、命の危険を冒してまで直進するこの根っからの黄金欲者が、大富豪となった。成功につぐ成功であった。幸運あってのことだが、変わらず節制と正直と勤勉を持続したからである。ただし家族的幸福はもちえなかった。彼に家族愛が欠けていたからか。強すぎたことと、妻が「金」と結婚したからである。二人目と三人目の子は強姦同然によって生まれた、とシュリーマンは述懐している。

四一歳、事業から身を引くには若すぎる。精神も身体もまだ若い。しかしまだ若々しいからこそ、年来の「夢」が実現可能なのだ。後半生の情熱のほうが前半生よりすさまじい。より大きな功名心の発露の結果である。世界旅行と日本訪問がこの前後半の間に挟まっているのも記憶しておきたい。

後半生でも語学力にものをいわせている。ホメロスは古代ギリシアの詩人だ。その作品の舞台はギリシア周辺である。まず現代ギリシア語を、そして古代ギリシア語を自家薬籠中のものにし、トロヤのあるトルコ語等々を短期間に習得し、考古学をパリで学び、博士号をとって箔を付け、ギリシア人でホメロスに興味を持つ若い美しい女と二度目の結婚をして助手にし、万端整えたうえで、四九歳、トロヤに乗り込む。発掘事業の開始に七年を費やしたのだ。

ただしいかにもシュリーマンらしいやりかたでである。「ホメロスの世界」を発掘し、再現するのが彼の第一の念頭にあったものではない。あくまでもホメロスがその作品で描いた「黄金」の発掘であった。そして目ざす所に黄金を見いだし、妻と二人で黄金の数々を掘り出し、秘かにギリシアに持ち出す。続いてミケナイを発掘し黄金をえた。ティリマティスではホメロス「伝説」が現実の世界であることを示した。

この間、発掘に莫大な私財が投じられた。彼は眠れる黄金を得たが、投じられた費用や労力に比べると、微々たる額にすぎない。しかし、発掘者、続いて学術者、さらには発掘品寄贈者としての三人目のベルリン名誉市民の栄光をえる。彼のあくなき「功名心」が満たされ、その名は世界史に残り、日本の子どもたちにも届いている。

4　栄光と苦悩

しかし栄光は大小にかかわらずつねに苦悩をともなう。ロシアの大富豪はくつろげる家庭をもつことができない。黄金欲がかれを動かしたが、他人といわず身内といわず黄金で動かそうとして、憤怒と敵意を食らうことになった。トロヤの遺跡発掘は、学界からは偽物・誤謬のレッテルを貼られ、現地の政府や土地所有者からは「強盗」まがいの所業と訴追され、その節約と正直と勤勉さがギリシアの妻や子ども、友人や協同者に過重な要求となって現れた。とくに彼を惨めにしたのは、ごく少数を除いて、学術上の賛同者をえなかったことだ。ここでも、金にものをいわす彼独特のやり方が、敵対者をいやがうえにも増やしたのである。

しかし晩年、彼は、大富豪のゆえでもなく、ホメロスの黄金郷の発掘者としてのみでもなく、古代ギリシアの考古学上の発見者、その成果を研究にまとめた大きな学者として、そしてあんなにも憎んでいた故国ドイツに凱旋するベルリン名誉市民として、大きな栄誉につつまれた。

だがやはりいわなければならない。彼は地上の黄金でえた友人の数倍、数十倍の敵を黄金で作った。地下の黄金、とりわけ彼の名とともに不朽のものとなったトロヤの遺跡（黄金）が、考古学研究の自己深化によって、トロヤの遺跡ではなく、その数代前のXの遺跡（黄金）であることが判明したのである。彼自身の手で彼の功名を否定しなければならない不幸に出会う。彼の不慮の死がこの不名誉を彼自身が敢行するのを押し止めたのだったが。

5 八田與一——植民地台湾の人々にもっとも愛された産業戦士

（はった　よいち　1886‐1942）

1 他利即自利

自利を追求することはよろしくない。他利、公利を損ねるからだ。いなそもそも利を求めること（商売）がよろしくない。利欲に支配され、欲得で動く野卑劣な人間（社会）を生むからだ。反自利、プラトンからカントまで、孔子から荻生徂徠まで二〇〇〇年以上にわたって人間と社会のモラルの根本にあったものだ。

このモラルに待ったをかけたのがアダム・スミスであり、わが山片蟠桃である。自利と他利は一致することができる。あるいは、自利と他利が結びつくことができない行為は、利得を追求する経済活動だけでなく、どんな分野においても成功を維持し続けることはできない。こう説いた。自利と他利の結合、これが資本制と民主制が結合した現代社会のモラルの基本にあるものなのだ。

⑴台湾（中華民国）は、日清戦争の勝利から一九四五年の敗戦まで日本の領土、植民地だった。およそ五〇年間、日本は清朝が「化外の地」とした台湾に膨大な予算を注ぎ込み、衛生、交通、教育、治水、産業システム等を整備し、台湾の民生扶養に力を尽くした。台湾がもっとも「成功

した植民地」の例であるといわれる理由だ。

(2)日本は、台湾を日本の食料庫（米、甘蔗の産地）に、すなわち自利（国策）を追求するために、民生扶養をはかったのである。民生扶養というが、それは従で、自国の利を主とした政治支配と経済搾取をおこなった。

(1)と(2)は矛盾ではない。台湾の植民地支配は、日本に利をもたらし、同時に台湾に利をもたらした。自利即他利、他利即自利の稀な例である。支配・搾取が民生扶養と矛盾しない稀な例が生まれたということだ。植民地の支配と搾取をもって、台湾の民生扶養の成功を否定できない理由である。

八田與一は、大学卒業後、「他利即自利」をモラルの根幹において、「産業開発戦士」として台湾総督府に土木技師として採用され、一大治水工事を立案し、実行し、実現し、香川県に匹敵する耕地を生みだし、日本の食糧自給庫を確保すると同時に、台湾農民の生活扶養に尽くし、「台湾でもっとも愛される日本人の一人」になった。まさに偉人だ。

2　技術は国境を越える

八田與一は東京帝国大学工科大学校土木科に学んだ。札幌農学校（農業専門大学院）出身の広井勇教授がいう「技術者は、技術を通しての文明の基礎づくりだけを考えよ」に感銘を受けたのか、出世コースを選択せずに、衛生も治安も悪かった台湾を選んだ。自分の技術を存分に発揮できる「土木の新天地」と見込んでのことだ。

与一青年の思惑は見事に当たった。震えが来るほどの大仕事がしたい、自分ならできるという、大志と自信が、三二歳の青年技師に、東洋一の烏山頭《うさんとう》ダム建設と香川県の面積に匹敵する灌漑事業という一大国家プロジェクト、嘉南大圳事業が委ねられたからだ。規模を数字で表そう。

⑴灌漑面積　一五万町歩、⑵烏山頭ダム　堰堤長一三〇〇、高さ五六メートル、給水量一億五〇〇〇万トン、土堰堤はセミハイドロリックフィル工法採用、⑶水路　給水路一万キロ、排水路六〇〇〇キロ、防水護岸堤防二二八キロ。⑷工期　五年　総工費四二〇〇万円（国庫補助一二〇〇万円、嘉南大圳組合三〇〇〇万円）

設計の基礎は測量にある、つまり徹底した現地調査が重要だ。これが八田の土木思想の基本である。富士山より高い亜熱帯森林が広がる山渓を踏破・調査をもとに、日本で最初の堰堤工法が採用された。土木先進国アメリカの長期出張で自信を深めたとはいえ、ほとんど実績ゼロに近い若い技師にこのような難工事をまかせた総督府の太っ腹に驚嘆させられる。

当然苦難はあった。難工事、大工事である。烏山嶺をくりぬく隧道建設の初期段階でガス爆発事故が生じ、五〇名余の犠牲者が出る。総督府が若い技師に不安を持ち、招聘したアメリカの第一人者が八田の工法にクレームを付ける。関東大震災の復旧工事費のために、予算が大幅に削られる。一つ一つが工事中止を招く難物だった。

八田は犠牲者をはじめとした現地作業員と徹底的に意を通じ、厚遇をもって臨み、結果、工事の進捗をえるというスタイルをとった。「他利即自利」である。クレームについては権威が納得するまで自説を曲げずに説明する。技術者の自恃だ。追加予算はむしろスムーズに付いた。軋轢はあったが、すべて八田の仕事完遂情熱が難事を可能事に変えた。

工事は計画の倍の一〇年を要して、一九三〇年にダム通水式を迎える。難産であった。しかし、苦難のすべては、日本が食糧自給の拠点をえたこと、台湾の受益者八〇〜九〇万人といわれる大穀倉地帯が生まれたことによって報われた。

3　大風呂敷の勅任官　大志と産業戦士

外地で一大事業を成し遂げると、総じて本国に戻るものだ。八田は違った。居を台北に移したが、台湾に留まる。四四歳、まだ若い。台湾の難点、電力問題を解決するために電源開発に血道を上げはじめる。八田の最後の望みは、水面標高九〇〇メートル余、琵琶湖の一倍半の広さをもつ、世界最大のカルデラ湖といわれるスマトラ島のトバ湖の水を利用した灌漑発電開発であった。その夢はとどまるところを知らない。

八田は技術屋である。技術屋に禁物なのが「大風呂敷」だ。ところが八田は、総督府の民生局長を務め、のちに「大風呂敷」の異名を取った後藤新平に似ている。もちろん貶めていうのではない。前人未踏のプランを立案し、探索調査を欠かさず、ゴーサインが出ればいつでも立起できる準備を怠らない。三九年、五三歳で技師の最高位とでもいうべき「勅任技師」に選ばれた。

ますます戦時色が強くなる。開戦直後の四二年、「南方産業開発」派遣部隊の一員としてフィリピンに派遣される。戦争政策と一体化した産業開発戦士として赴いたのだ。だが、乗船した船が五島列島沖で米潜水艦に撃沈され、殉死する。五六歳であった。大きな夢はここで途切れる。八田は、日本の植民地政策と一体化して大きな成果を上げ、日本の戦争政策と一体化しようとして殉死した。同時に、八田は、その産業開発の技術を駆使して、現地台湾と台湾人に大きな富をもたらすために懸命に生き抜いた。

この八田與一の偉業は、日本では忘れられてきた。ところが台湾では烏山頭ダムの建設等の功績をたたえて、現地人によって銅像が作られ、彼らの記憶のなかに残り、毎年その命日には慰霊祭さえとりおこなわれてきたのだ。それが日本に、出身地の金沢に伝わり、八田を媒介にする新しい日台交流が行なわれるようになった。現在の日本で忘れ去られた、公に殉じる「日本精神」（李登輝）と称揚する動きである。

この「日本精神」と八田の「他利即自利」とは同じか？　八田は、大きな仕事をしたい、と望む。自利だ。ために大きな仕事に私利私欲を忘れて没頭する。他利をはかる。結果、他利と自利の絶妙な一致が生じ、他利を得た人たちの追憶や賞賛の対象になった。幸福な一致だが、この一致をもたらしたのは、一にも二にも、公一色の国策や戦争熱ではない。八田の意欲と行動だ。八田を他に類のない稀な偉人とする理由である。

6 カント——哲学の革命者の絶妙なるシンプル生涯

（イマニュエル・カント　1724-1804）

1　宇宙はどうしてできあがったのか？

先日、「地球はどうしてできたの？」という小学生の質問に、物理学者が、五〇億年前に生まれた太陽の周りに無数に散らばった高速で移動する高熱のチリがどんどん集まって岩となり、それが集積して地球大の大きさになったのが四六億年前で、そこが地球のはじまりだと説明していた。なんだカント・ラプラス説の星雲説と同じではないか、と思えた。

一九七〇年まで、ドイツ哲学、ことにカントやヘーゲルにあらずんば哲学にあらず、というのが日本の大学哲学の常識であった。わたしの出た大学の講座も、カントを卒業論文のテーマにしなければ卒業させない、が不文律だった。

カントは哲学者だが自然科学者でもあった。正確にいえば、自然科学が研究対象とする問題群を学位論文で書かなければ、パスしなかったのだ。カントは観念論者で思弁をこととすると思っていたわたしは、大いに面喰らったし、逆に感心もした。ヘーゲルやマルクスだって自然哲学の論文で学位を取ったのである。

じゃあカントは宇宙を観察し、顕微鏡を覗き込んで、微小な物質が渦巻き状をなして高速で運動する状態（星雲状態＝カオス）から、しだいに離合集積を繰り返し、現在の星々が散らばる宇宙になったという結論をえたのか？　そうではない。さまざまな自然観察者が与える結論を材料にして、論理的に推論したのである。今様にいえば、想像力（思弁）の所産なのだ。カントをさらに高く仰ぎ見た理由である。

2　人間は真理を知る能力をもっているか？

カントの哲学史上の最大の功績は「コペルニクスの転換」とカント自らがよんだ思考革命である。

コペルニクスは、地動説を説く古代の天体学者に誘発され、天体を長期にわたって観察した。その結果、各天体（星たち）は同じ時期（時間）に同じ場所（空間）に規則的に現れるという事実をえる。しかし天動説をとるかぎり、各天体は規則的に運動していないということになり、天体観察の結果に矛盾する。もし地動説をとり、「天体＝動、地球＝不動」の視点（一点）を変えて、「天体＝動、地球＝動」とすれば、天体全体が規則的に運動している、と合理的に説明できる。こう仮説した。

カントはこのコペルニクスの仮説、視点（支点＝一点）変更から学ぶ。

従来の哲学は、客観と主観の一致をもって真理とみなし、客観（外界存在）を主観がどのようにしたら認識する（＝正しくつかむ）ことができるか、を問題にしてきた。これに対し、カントは、はたしてわれわれは客観（真理）を認識することができる能力をもっているのか、と問い直したのである。認識する前に、われわれ人間の認識能力を検証する必要があるというのだ。

たしかにそうだ。勝海舟は若い時、オランダ語の本をじっと睨み、オランダ人も俺も同じ人間だ、オランダ人に読めて俺に読めないはずがない、と考えたそうだ。だがオランダ語の本を読むためには、オランダ語を読む能力をもっていなければならない。オランダ語は、それを読む能力のないものにとって、ちんぷんかんぷんにすぎない。

ここでカントがどんな段取りで、人間の認識能力を検証したのかを披瀝する余裕はない。一つだけいおう。

人間の主観は客観（物自体）を認識する能力をもたない。物自体は認識できない、人間の感性に現れるかぎりでの「存在」（現象）を知ることができるだけだ。だが、人間はア・プリオリ（先天的）にそなわった認識能力（理性）をもっている。それで人間は感性に現れるかぎりの現象を、理性によって正しく認識することができる。

これによってカントは、感性に現れえない霊や神や物自体を人間は認識不能だとして、認識＝科学の対象外に追放する。観念論者カントが科学の基礎づけを試みたのだ。すごい。

3　カントはロシア人だって？

カントはドイツ、正確には東プロシアのケーニヒスベルクに生まれた。ヨーロッパの東端で、ベーリング海に面した国際貿易港である。カントはこの港から出て行くもの、入ってくるものに特別の興味を抱く。世界の片隅のようなところに、一生その街からほとんど足を踏み出すことなくすごしたのに、たとえばロンドンなどはその街の隅々の通りまで熟知しているほどの情報通であった。カントは好奇心の塊だったようで、くるくる回るドングリ眼をもった小さな頭は、重さでは人並みをはるかに超えていた。

哲学の歴史＝流れは「カントに入り、カントから出て行く」、「カント以前、カント以降」といわれるように、カントは世界哲学のエポックメーキング（画期）であり、英雄だ。

ところがケーニヒスベルクは、一九四五年、旧共産ロシアに占領されて以降、ロシア領のままなのだ。その名もカリーニングラードで、いまなおロシア共産党書記長カリーニンの名を被ったままである。ロシア人カントなどという奇怪は、哲学徒ならずともとうてい耐えがたい事実、文化的野蛮以外のなにものでもない。

4　単調な生活が偉大さを生む

それはともかく、カントは英国から移住した貧しい一家に生まれ、父は馬具職人であった。もちろん人生の半ば以上を苦学でしのいだ。地元の大学を出て、家庭教師や私講師で生計を立て、研究を続ける。五六年に教授資格をえるが、正教授になったのは七〇年で、四六歳になっていた。このときまで教授就任のチャンスはあった。が、自分の研究にふさわしくないポストという理由で断っている。だがカントのすごいのはこれからだ。

哲学革命の主著『純粋理性批判』(八一年)についで、三部作の他の二冊『実践理性批判』(八八年)、『判断力批判』(九〇年)をつぎつぎと出版し、一七九五年にはEU(ヨーロッパ連合)のモデルといわれる政治哲学書『永遠平和のために』を出し、八〇歳の死まで涸れることのない思索を展開した。それが可能だったのは、カントが単調で規則的な生活を自らに課したからである。

独身のカントは、未明に目覚め、朝六時に講義や研究に没頭し、散歩でいつも同じ通りを同じ時刻に通り過ぎるので、時計代わりにされたというのはあまりにも有名である。だがカントはヒュームの著書によって「独断の夢」を破られて、散歩の時間に遅れることがあった。カントの日常生活は単調な反復だったが、その精神世界は、「理論は灰色だ」というゲーテの言とは正反対に、「緑なす沃野」であった。ロンドンのアダム・スミスも、フランスのルソーもカントの灰色の頭脳のなかで乱舞し、ペテルブルクのドストエフスキーの『罪と罰』のなかでカント理論が疾走しているさまが、わたしには見える。

7 鍋島閑叟——幕末動乱期、肥前佐賀藩を最先端で最強国にした「妖怪」の実力

（なべしま　かんそう　1815・71）

1 「薩長土肥」とはいうが

幕末、明治維新を成功させた雄藩を「薩長」あるいは「薩長土肥」という。薩長にくらべて土肥は影が薄いが、肥＝肥前佐賀藩は政治・軍事的にもっとも軽く見られてきたことは否めない。英傑を並べてみるといい。薩摩は西郷隆盛に大久保利通、長州は木戸孝允（桂小五郎）と大村益次郎（村田蔵六）、土佐は坂本龍馬、さて肥前はとなると誰をあげても寸足らずである。

では殿様を比較してみようか。薩摩は島津斉彬・久光兄弟、長州は殿様はイエスマン、土佐は山内容堂、そして肥前は鍋島直正（閑叟　かんそう）である。斉彬と容堂は自分以外がバカに見えてしょうがなかったほどの自信家の才人で独裁者だった。対して閑叟は、独裁者ではあったが、自分の非力を語ってやまず、旗幟鮮明をためらい、「日和見」主義者と見られた。

藩の実力を示す石高は薩（琉球を含め）七三万石、長三六万石、土二五万石、肥三五万石で、薩が突出しているものの、肥が他の二藩に引けを取っていたわけではない。ただしこれは表高で、幕末の実質石高は表高の倍、長にいたっては一〇〇万石を超えていたとされる。薩長と土肥の間

には、やはり現在のアメリカと日本ほどの差があったとみなしていいだろう。この国力差は幕末の人口差に見合っている。薩長がそれぞれ八〇万人に対し、土が五〇万人、肥が四〇万人（面積は土の二分の一）である。

こう見ると「肥」の国力ならびに指導力の影の薄さが、薩長ならびに土の後塵を拝する形になったといっていいだろう。しかし肥は、そして鍋島閑叟は非力だったのか？　こうやはり問い直してみるべきだろう。

歴史は勝者の歴史である。明治四年、閑叟（上局議長・開拓使長官）が五八歳で亡くなり、明治七年の佐賀の乱で江藤新平（元参議・司法卿）と閑叟の懐刀といわれた島義勇（よしたけ　元開拓使首席判官）が刑死し、明治一四年の政変で参議のトップ（首相）だった大隈重信が伊藤博文の奸計によって下野した。佐賀肥前色が政府内から一掃されたのである。幕末の肥を、薩長政府内の肥と同断してはならない。

2　「蘭癖大名」とは

幕末、閑叟は幕府とくに将軍や幕閣の信任が絶大だった。同時に朝廷とりわけ親幕だった孝明天皇の信任も厚かった。これをもって閑叟のことを「二股膏薬」（アーネスト・サトウ）と呼ぶ人がいる。人間を量る目をもっていない小人の言葉だ。

肥前鍋島は、筑前黒田とともに、オランダと清に開かれた唯一の長崎（幕府直轄）警備の大役を負ってきた。時あたかもアヘン戦争であり、黒船来航である。日本が蛮夷によって踏みにじられる危機意識を誰よりも強くもったのが閑叟なのだ。閑叟は開国派ではない。攘夷派である。しかし攘夷のためには軍事力強化の他なしという思想をもつ。思想にとどまらず、幕府や他藩に先んじて軍事力強化と軍政改革に取り組んだのだ。

上野の彰義隊を攻撃し、瞬時に騒動を雲散霧消させたアームストロング砲のことを知っているだろう。佐賀藩のもので、クリミア戦争でその偉力証明済みの最新兵器である。蘭学奨励によって医と軍事技術で世界基準（グローバル・スタンダード）に達する、これが閑叟の国策である。

まず学制改革を図る。蘭医学校を創設し、種痘を嫡子に受けさせて普及を計る。洋式の製鉄・製砲・造船所をいちはやく稼働させ、軍港三重津に海軍を創設し、洋式の軍制、総鉄砲制を敷いた。その準備に幕府創設の長崎海軍伝習所（学校）に幕府よりも熱心に取り組み、藩士四八名（総勢一三〇中、幕士四〇）を派遣し、海軍学校を創設した。

3　「算盤大名」の実力

軍事力強化は経済力の裏づけがなければ自藩衰退の原因になる。だが閑叟が家督を相続した一七歳の時（一八三〇年）、藩は赤字財政の極に達していた。予算の二割しか実収入がなく、五割近くが借金返済で消えるという火の車だったのだ。

閑叟がとった行財政改革は、大胆なリストラ（三分の一の人員カットと人材登用、二〇パーセントの経費削減）と長期減税（小作と自作農中心）、さらに特産品（陶器等）と農産物の保護統制経済である。民生力浮揚をまずめざす、真っ当な国力増進策であった。

人材登用は学制改革と対になっている。特徴的なのは職（地位や業務）は学力なしにえることができない仕組（一種の公務員試験）を作り、鍋島一門に学業を課して行財政改革の先陣を切らせたことだ。敗戦後まで、佐賀が鹿児島や山口のような教育後進国にならなかった因を作った。

行財政改革の成功によって、閑叟は「算盤大名」と呼ばれる。尊称ではない。しかしこの成功があってこそ戊辰戦争で官軍の中核として佐賀軍が存分の働きをすることができたのだ。新政府の初期に重きをなした大隈、江藤、副島種臣、島等の佐賀出身の政治家は、戊辰戦争のなかで頭角を現した歴戦の強者であった。

4 「肥前の妖怪」

「蘭癖」といい「算盤」というも、蔑称のなかに「よくそこまでやるな」というプラス評価が込められている。もう一つ閑叟に対する世評に「二股膏薬」とか「日和見」がある。端的には、佐幕か尊王かの態度表明をぎりぎりまで決しなかったことに表れた。

しかし動乱期である。しかも諸外国が手ぐすねを引いて、幕府と薩長の綱引きの帰趨を眺めている。フランスやイギリスは漁夫の利を占めようと虎視眈々の構えであった。倒幕・佐幕のいずれが勝ちを制するかにかかわらず、自国の内乱を自力で短期間に処理し、外国の干渉を防いで、統一政府をいかに再構築するか、これが閑叟の変わらない基本戦略であった。

閑叟は攘夷派である。一方では、「攘夷」を朝廷に約束しながら海軍力を中心とした国防体制構築をいつまでもためらう幕府・幕閣に対する不信と焦燥、他方では、貧弱な軍備体制のまま「攘夷」を豪語し断行する薩摩や長州に対する軽蔑と不信、これが最後の最後まで閑叟の態度表明を決めさせせなかった要因である。

それに閑叟に幕藩体制（中央政府と分国政治）を否定する思想はなかった。倒「幕」闘争を、薩長と一部の公家を主体にする倒「閣」（反政府）闘争とみなしていた。廃藩置県にも、最後の最後まで賛成しなかった要因である。

司馬遼太郎は閑叟を称して「肥前の妖怪」とする。もとより定見・節操のない「二股膏薬」と同じではない。「日和見」や「風見鶏」とも異なる。日和見をしないあるいは風見鶏のない進路決定は無謀のなせる技である。「妖怪」には「深慮遠謀」が重なる。幕末に正体不明の妖怪が何匹も出現した。策を巡らす深慮遠謀（だけ）の人では岩倉具視などがいる。しかし人知では計りがたいほどの深慮遠謀をめぐらせ自らそれを実現する人では鍋島閑叟をまず挙げなければならない。病気がちで陰鬱な表情がその「妖怪」振りをさらに印象づけたにちがいない。

8 耶律楚材——蒙古（モンゴル）を世界帝国にふさわしい文明圏に変えようとした

（やりつ　そざい　1190 - 1244）

1「諸葛孔明を超えた男」

陳舜臣『耶律楚材』の帯の惹句に「諸葛孔明を超えた男・耶律楚材の生涯」（上）「チンギス・ハンを覇者にした名宰相伝」とある。日本歴代首相が師と仰いだ陽明学者の安岡正篤《まさひろ》は「不世出」の「大哲人にして、大詩人、大宰相」と記した。

孔明は三顧の礼をもって劉備玄徳に迎えられ、赤壁《レッドクリフ》の戦いで呉と同盟して魏軍を破り、天下三分の計によって蜀を創建したチャイナ史上でもとびっきりの文武両道の英傑である。日本でもつとにその名声が響き渡っている、「三国志」の超スターだ。その孔明を楚材が超えるというのだからすごいではないか。

名門の生まれである。父の履《り》は華北を支配する金朝の宰相（第一首相）であり、その祖は金に滅ぼされた遼を建国した耶律阿保機《あぼき》である。その金が、チンギス・ハーンに脅かされ、都（現北京）を南（現開封）に移した。このとき楚材は旧都に残って重任を果たし、落城後にチンギスに招かれて仕え、八年にわたる西征に帯同し、つねに側近にあって吉凶を卜《ぼく》して、モンゴル軍の進路を決するに功あった。

チンギスが没し、オゴタイが二代目ハーンを嗣ぐと、楚材は中書令（宰相）としてモンゴル帝国の行政を掌握し、征服と殺戮をこととする無知無法な民を教導し、帝国に法と秩序が支配する制度と組織を与えただけでなく、中華文明を破壊から守る救世主となった。

たしかに、孔明は獅子奮迅の活躍をして帝室を開いたとはいえ、蜀は山峡の小国にすぎない。モンゴル帝国はオゴタイ期にユーラシア大陸の西端（西欧）を残すほぼ全域を手中にしたのだ。その行政と文教のトップで指揮棒を振るったのが楚材である。まことに孔明を超えた超スケールの大きな男だといえよう。

2　蛮族モンゴルの蒙を啓《ひら》いた

楚材はキタイ（契丹）人である。最初に仕えた金はジュルチン（女真）族だ。しかし生まれ育ったのは燕京（現北京）で、父六〇歳のときに生まれた子は三歳にして父を失ったが、何不自由なくすくすくと育ち、儒学研鑽に勉め、同時に仏道を学んで座禅を究めた。いまでいうなら若くして漢文化を体得したばりばりの「北京ッ子」である。その楚材が漢文化の洗礼を受けた金を見限ってチンギスの招聘に応じたのである。第一の謎だ。

楚材は、もともと北狄《ほくてき》に属する半遊牧民であるキタイの血を引き、半遊牧民であるジュルチン族に仕え、チャイナ文化を身に体して、北狄の遊牧民モンゴルの蒙を啓くために故国を捨てた。

その楚材の胸中に去来するのは、大帝国モンゴルのサーチライトとなって、遼が、ひいては金が実現しようとしてできなかった「天下」を治め、救民済世を果たし、チャイナ文明を救済するという「夢」であった。

この夢は半ば実現した。一二七〇年、モンゴル第四代のハーン、フビライが「元」を建国し、東西文明の通路を開き、大都（現北京）は文字通り政治・流通・文化の中心になり、世界帝国チャイナが実現した。大量のヨーロッパ人が大都をめざした。かのマルコ・ポーロもここを訪れ、「黄金の国」ジパングに憧れ、その憧れがコロンブスをうながしてアメリカ発見になった（といわれる。ただしマルコは大都を訪れてはいないし、その『東方見聞録』は実録ではない。一種の「偽書」だ。西へ進んだコロンブスは、インドにも日本にも達していない）。

3　中華思想が生んだ虚像か？

西欧文明や中華文明にとっては、モンゴルは蛮族であり、チンギス・ハーンは蛮族の長である。その行くところ殺戮の嵐が吹きすさんだ。実際サマルカンドやブハラは一瞬にして廃墟と化した。その殺戮蛮行を和らげ、人命と平和と秩序の尊さを教え、蒙古を文明へと導いたのが耶律楚材である、といわれる。これが第二の謎だ。

モンゴル帝国は人類史上最初の東西を領する世界帝国である。この帝国に比べるとローマ帝国も大唐も東西の部分・地域《ローカル》帝国にすぎない。しかもモンゴルは歴史を持たない新興勢力だが、その治世下で、チャイナ正史である『元史』をはじめとする漢語《チャイニーズ》の史書を残しただけではない。ペルシャ語で書かれた歴史を残している。文明人楚材が野蛮人モンゴルを教導したというのは、チャイナ史のなかだけのことであって、ペルシャ語のモンゴル史には全く出てこないのだ。

中原＝天下（黄河に沿ったベルト地帯）が世界文明の中心であるという、すでに中原文化が北狄南蛮東夷西戎と混合し、「消滅」したあとに生まれた一種の劣勢意識から生まれた中華思想の産物が、不世出の偉材、耶律楚材像を造ったのではないか？　これに禅（仏道）によって不動心の境地をえたという事情が加わる。孔子と仏陀と老子の真髄を究め、天文、地理、医術、数学に長けた万学の熟達者という刻印が続く。すべて宋子貞が撰述した「中書令耶律公神道碑」が「伝説」の生みの親となった。

第一、楚材は「中書令」（宰相）には一度もなっていない。たしかにオゴタイ治世下で漢土（華北）の行政の一部、文化・教育と税収を担当した。このとき中央政府は尚書省であり、中書省は名だけの、正職員も楚材を入れてあと一名で、実体は文書課であった。

第二、チンギス治世下では政治顧問などではない。吉凶を卜する占い師であった。

第三、ハーンを選考する会議に出席してオゴタイを推薦したというが、チンギスの親族、大臣、将軍以外この会議に出席はできない。

第四に、オゴタイ没後、楚材は左遷された。なぜか？　等々、「伝説」には解明すべき点だらけなのだ。楚材の「超人」説は「作文」に近いといっていいのではないだろうか。

4　暗い影

楚材につねにつきまとって離れない暗い影がある。最大のものは親族に対する情だ。親子ほど年の違う異母兄がいる。二人は楚材の妻子や親族とともに、金の皇帝に従って都を脱出した。妻や子を一顧だにせず旧都に留まり、モンゴルに下った楚材は、二〇年後、金都が落ちるとき城の内と外で敵として対した。楚材の助命嘆願がかなったのにもかかわらず兄たちは拒否し、次兄は抗議の自死を選んだ。前妻と残した子については、その安否さえ問うていない。

人の心を推し量ることは難しい。だが愛妻とその子鑄《ちゅう》に対する一種盲愛に近い情を各種の文章で示しているのとはあまりにも対照的な前妻とその子に対する態度である。過度な自己顕示欲とともに、とても手放しで讃じることのできない、楚材の複雑で暗い性格を随所で垣間見ることができる。学力、人望、政治力、軍才とともに、孔明に遠く及ばない点だ。

この楚材の複雑な性格を戯曲にした中野美代子「耶律楚材」（『鮫人』日本文芸社所収）を陳舜臣『耶律楚材』の解毒剤にすると、楚材像は半分以下、せいぜいのところ三分になるだろう。

9 江戸川乱歩——日本出版産業界で異例の成功を収めた探偵作家

（えどがわ　らんぽ　1894‐1965）

1 日本のホームズ

聖書についでもっとも多くの国で、もっとも多くの部数が出版された書物が、シャーロック・ホームズが活躍する探偵小説であるといわれる。原作と翻訳、翻案ばかりでなく、芝居、映画、TV劇、漫画、アニメ等のメディアでも何度も何度も、登場してきた。いまなお登場し続けている。原作者は医者で作家のコナン・ドイルで、ホームズの相棒役のワトソンに瓜二つの人物である。ドイルは貴族の称号を贈られたが、ホームズ級の名探偵を発明した作家には、ノーベル賞の一つや二つ与えてもバチが当たらないほどの人類貢献をしていると言っていいだろう。

このホームズものを江戸の捕物劇に翻案したのが岡本綺堂の『半七捕物帳』で、現在の時代小説ブームを生みだした源流の一つである。今ひとつ日本のホームズをあげるとすれば、大正一四年「D坂殺人事件」で初登場した明智小五郎探偵である。作者は日本探偵小説の生みの親と言われる江戸川乱歩だ。

乱歩以前にも探偵小説は存在する。しかし探偵デュパンを生みだした探偵小説の生みの親であるエドガー・アラン・ポーをもじって、江戸川乱歩としたのでもわかるように、乱歩は日本最初の専業探偵作家を目ざした。

探偵小説を書いて食ってゆく、自分一人だけでなく家族を養ってゆく。これは大変なことだった。大正の終わりから昭和にかけて、探偵小説は翻訳物が主流で、少数のマニアックな読者たちのものであったからだ。少数の慰み物をまず大衆（多数の人たち）の読みものにすること、これが乱歩の「立志《アンビシャス》」の原点にあったものだろう。

2　明智探偵は二人いる

ところがよくいわれるように明智小五郎は二人いる。初期作品に登場する、無職で、下宿の二階にごろごろしている、知的だが服装には無頓着で髪がぼさぼさで和装の書生である。いま一人は『怪人二十面相』等でおなじみの、お茶の水アパートに探偵事務所を開き、洒落た背広をりゅうと着こみ、ソフト帽を被った洋行帰りの明敏な探偵である。

すぐに思い出されるのは、書生探偵が横溝正史の金田一耕助、後者が高木彬光の神津恭介である。しかしもっと興味深いのは、書生探偵がプロの明智へと変貌を遂げる間に、探偵小説で飯を食うプロの探偵作家となった乱歩が立っていることである。そして皮肉にも、プロとしての成功が『黄金仮面』等の大衆探偵小説であり、それを決定づけたのが少年読み物で明智と少年探偵団が活躍する『怪人二十面相』であった。

一般には戦時下で猟奇趣味でしかもエロ色の強い乱歩特有の探偵物を書くことができなくなったから、いたしかたなく少年ものを書いた、と言われている。たしかに昭和一四年、「芋虫」が検閲に引っかかっている。しかし少年読み物を乱歩はいやいや書いたのではなかった。この人、中学時代にすでに活版の同人誌を出したというほど、書いて発表するのが好きだった。書こうとして書けなくなることがあると、深く深く落ちこみ、断筆におよぶのだ。対して、少年ものなら気分よくすらすらと書けたそうだ。戦時下でも細々と明智探偵が活躍する少年ものを書いて、作家としての、生活者としての余命を繋ぐことができたのだ。作家冥利に尽きると言っていい。

3　戦後は企業家に

日本探偵小説の父は、敗戦を五二歳で迎えた。ついに自由に書きたいものが書ける時代がやってきたのだ。しかし乱歩の探偵小説は現れなかった。昭和二四年からはじまる『青銅の魔神』以下の少年探偵小説は、戦前に書かれたもの以外は、全部が戦前の大人の読み物を少年ものに書き換えた、改作、正確には代作者がいる作品である。

じゃあ作家乱歩の歩みは戦後どうなったのか？　一つは評論家、いま一つは編集者として生きた。とくに海外の作品を紹介し、雑誌『宝石』を再建した「成功」を忘れてはならないだろう。評論家としての仕事は探偵小説への「恋文」（都築道夫）ではあっても、評論とは言えない。また初代探偵作家クラブの会長となって戦後のミステリ界をリードした乱歩の足下から、何人の作家が育っていったか。高木彬光と島田一男くらいにすぎない。

作家乱歩を語る場合、いちばん忘れてならないことは、職業作家を目ざした乱歩が、なによりも企業家であったことだ。ビジネスマンというよりマン・ノブ・エンタプライズという響きがぴったりする。

戦前も戦後も、乱歩の周りで乱作に乱作を重ねた探偵小説家がいた。長谷川海太郎（谷譲次・林不忘・牧逸馬）であり、久生十蘭である。短期間に膨大な数の作品を量産した。対して乱歩の作家歴は長い。最新の全集（光文社文庫）三〇巻のうち、二三巻を小説が占める。膨大に思えるだろうか。そんなことはない。

4　一品で一〇〇回勝負する

乱歩が企業家だといいたいのは、マスコミや、芥川賞はもとより直木賞候補の対象にもならなかった差別時代を生きた探偵小説業を、一流企業に育て上げる手腕を発揮しただけではない。あわせて、自分を「商品」として何度も再生《リフレッシュ》させて売ることに大成功をおさめたからでもある。

乱歩は、自作品をまず雑誌に載せ、それをまとめて単行本で出し、さらにそれらを集めて編集し、選集、全集にする。戦前だけで全・選集が三度（全13巻・12巻・10巻）出ている。戦後は亡くなるまでに一〇度出た。全巻数で一七六冊だ。死後は推計でしか言えないが、回数でも総冊数でも生前を上回ることは確実だろう。その他に何度も何度も新装や、単行本が出ている。最終決定版とも思える最新の光文社文庫は全三〇巻で、全巻ゆうに七〇〇〇頁を超す大シリーズだ。

つまり、乱歩は最低でも一〇回、最大で五〇〜一〇〇回は同じ作品を新装、改装して新商品として売り出し、拡大再生産に成功したのだ。

それだけではない。その評論や編集活動で示した探偵小説に対する溺愛は、他者を愛することによって自愛を見込める体のものであった。その評論、紹介、新人起用の大半は過褒に近いものだったことがそれを証明している。

それに膨大な評論的書誌的作品の大半は、乱歩の自己紹介・宣伝といわれる類のものである。また「日記」代わりのスクラップブック『貼雑年譜《はりまぜねんぷ》』全九巻は自伝であり、日本ミステリ史の一次資料ともなっている。これも出版されている。

「乱歩」はいまなお成長企業なのだ。その蔵書は有名な『幻影の蔵』（書蔵）とともに立教大学の所有に移り、乱歩研究、出版事業、乱歩ファン等々の発熱源になり、生後一年余しかいなかった三重県名張は、生誕の地として、これまた乱歩のリファレンスブック三巻を発行するなど、乱歩に異例の待遇を与えている。乱歩は郷土掘り起こし作家でもあるのだ。

10 クラーク――「ボーイズ・ビ・アンビシャス」大志か、大望か、野望か

（ウィリアム・スミス・クラーク　1826-86）

1　たった9カ月で成功を収めた最良の教師

よき教師は沢山いる。しかし成功し賞賛を博した教師は本当に稀なのだ。そんななかですぐに思い起こすことが出来るのが、夏目漱石の前任者で東京帝国大学で英文学を講じていた小泉八雲（ラフカディオ・ハーン）である。退任する（させられた）八雲の任期延長を願って、漱石「排斥」の動きがあったほどの人気だったそうだ。

しかし、おそらく世界中でだれ一人、札幌農学校におけるクラーク博士の成功の右に出るものはいないだろう。それも在任九カ月に満たない、第一期生（本科）二四名に向けられた教育に対する結果である。クラークの教えは、彼とともに来札した教師（彼の弟子）たちに受け継がれ、とくに二期生たちのなかで花開いた。クラークの精神は二期生の内村鑑三（牧師・思想家）、新渡戸稲造（農学）、宮部金五（植物学）、広井勇（土木工学）、町村金弥（酪農業）、南鷹次郎（農学）等のなかに消えることなく燃え続けた。彼らは日本近代と北海道開拓に貢献し、それぞれの分野で第一人者となっていく。彼らの師は終生変わらずクラークであり続けた。

クラークを新設の札幌農学校の教頭（副学長＝本科プレジデント）として招聘したのは、ときの開拓使長官黒田清隆である。クラークが託された教育は、北海道開拓のパイロットとなるべき人物の育成であった。専門知識はもとより、なにものにも屈しない自立自尊の開拓魂と健康で強壮な心身の育成を要請された。そのときクラークが掲げたのが、聖書を基本におく人間教育である。しかしキリスト教を教育のなかに取り入れるのは「国禁」を犯すことである。クラークと黒田のあいだに激しい応酬があった。

クラークの強い懇請と、黒田のクラークに対する厚い信頼の念が、聖書による全人教育容認へと導いた。炭鉱調査のために乗った石狩川船上のことで、開校日を三日後に控えたときである。

クラークがどんなに優れた教師であっても、優れた学生の信服と北海道の大統領（プレジデント）とでもいうべき黒田による全幅の信頼がなければ、彼の成功はなかっただろう。ただしクラークは牧師ではなかった。信仰心の厚いアメリカのマサチューセッツ州では普通の信者にすぎなかった。それが、禁酒、禁煙等を学生に誓わせ、「イエスを信ずる者の誓約書」に署名させたのだ。誠意と信服あってのことだ。

2　ビ・アンビシャス！　立志と野望

クラークは、アマースト大学を卒業し、ドイツ留学で博士号（鉱山学）を取得し、母校に二六歳で教授（化学）に迎えられ、南北戦争で義勇軍（大隊）を率いた軍人（大佐）であり、農業委員会委員、州議会議員を歴任し、新設の州立マサチューセッツ農学校《カレッジ》の学長となって一〇年、札幌農学校に迎えられたとき五〇歳ではあった。だが地位、気力、体力ともに絶頂期に一年契約で来日し、教育だけでなく、開拓事業に数々の有益な指導や示唆を与えて、一年で三年分をこなして、風のように去っていった。

彼が札幌近郊の島松で見送りの人々に残した言葉が、「ボーイズ・ビ・アンビシャス！」である。「少年よ、大志を抱け」であまりにも有名だ。「大志」とは、小欲にとらわれたその場限りの成功にかまけず、人類・社会のために偉業（サムシング・グレイト）をなしとげようとしなさい、という意味に解されている。たしかに内村や新渡戸の生き方は、この言葉を守ったとみなすことができるだろう。

しかしこの言葉は英語ではとくに意味のある言葉でも、「格言」の類でもなく、「ガンバレ！」、せいぜい「でっかいことをやれ！」という程度の意味だそうだ。島松でこの言葉に注意を喚起された人はほとんどいなかった。のちに「青年奮起立功名」（大島正健）と漢詩で表現されたように、むしろ明治の青少年の多くをとらえたように、「大望を抱け！」「青雲の志を忘れるな！」であり、平たく言えば、「立身出世を目指せ」である。

福沢諭吉はもっとスマートに「一身立って、一国立つ」といったが、自分の立身出世が、国家の富国強兵に直結するという明治期特有の気風を語っているといってもいい。また、後に俳句革新運動に命を捧げた正岡子規の少年期の心をとらえた「末は博士か、大臣か」は、戦国期以来の

「一国一城の主になる」という武士魂に繋がるといっていいだろう。青少年ならだれもがもつ気概の一つであった。

しかし「ビ・アンビシャス」には、「大志」や「野心」と言うよりは、大いなるあるいは大きすぎるほどの望み、「野望」と訳したほうがそのもつ意味のニュアンスをよく伝えることが出来そうである。とくに帰国直後のクラーク博士の急展開する人生と重ね合わせてみると、そう言える。

3　山師クラークと晩年の失意

一年七二〇〇ドル（＝円）という右大臣を上回る契約金をもらい、見るべき成果を上げて意気揚々として帰った農学校ではトラブルが待っていた。学長の給与削減をはじめとする財政改善問題であった。これに対してクラークは辞任をもって応えた。目算はあった。

二年間で世界を一周する大がかりな洋上大学の学長予定者になっていたからだ。この計画は上々な前人気にもかかわらず、応募者が少なく中止になった。後を継ぐべき新構想で臨んだクラークの計画も頓挫した。ここに一八五二年以来の大学教授の生活が、七九年で終わった。しかしクラークに少しも落胆した気配は見えなかった。

クラークの人生の第一の絶頂期が札幌での九カ月であったとするなら、五四歳の一年間は事業家としての絶頂期であった。八〇年一一月クラークが社長となってニューヨーク・ウォール街の目抜き通りに設立したスターグローブ銀鉱山会社、さらに翌年三月に設立したクラーク・アンド・ボスウェル証券会社が、株急騰で莫大な資産を得たのである。

かつて大学教授時代、鉱山事業は一発屋の山師のやることだと非難していたクラークが、妻の財産（遺産）や叔父から借りた資金を全部注ぎ込んだ事業が、山師の事業であった。それも、故郷の人たちが「最初」の成功に誘われてこぞって株を購入してくれた。だがすぐに事業は行き詰まり、翌年の夏には無配に落ちこみ、これにクラークの採算を無視した拡大主義が拍車をかけ、告発、差し押さえと続き、八二年五月倒産に追い込まれる。

一年前には全町挙げてクラークを歓迎した町民が怨嗟の声で迎える郷里アマーストにクラークは帰って行かざるをえず、そこで社会的信用の失墜と失意のため不遇な晩年を送ったのである。かくして日本で超有名人クラーク博士は、アメリカはもとより郷里のアマーストで、悪名あるいは無名の人として地下に埋もれてしまった。

11 坂本龍馬——誰からも愛される、史上ナンバーワンの革命児

（さかもと りょうま 1835-67）

1 愛される理由

明治維新の三傑といわれる。薩摩の西郷隆盛と大久保利通、長州の桂小五郎（木戸孝允）である。だがこれに長州の高杉晋作、土佐の坂本龍馬をくわえて五傑とすべきだ。維新は後の二人の活躍なしに、迅速かつ見事な成功はなかった。こう断言していい。

長州は晋作のたった一人の反乱がなければ、負け犬のままに終わっていた。だが晋作は長州人である（にすぎない）。龍馬は土佐人であり、超えて日本人だった。郷国では西郷も晋作も抜群の人気だ。龍馬は、土佐はもちろん、日本で最も愛されている。

だが龍馬が最愛の日本人になってから、まだ五〇年とたっていないのだ。司馬遼太郎の『竜馬がゆく』が現れるまで、龍馬はせいぜい維新の準主役であったにすぎない。

龍馬が愛される理由はある。近代人の原型だからだ。門閥、学閥に属さず、藩の後ろ楯もなく、一人大海原に乗り出すようにして、「一身立って、一国立つ」を身をもって示した。たんに日本人であるだけでなく、世界の龍馬をめざした。つまり「天は人の上に人を造らず、人の下に人を

造らず、と云えり」を地でいったのだ。

権力や権威におもねず、人間に序列をつけない。貴賤、貧富、賢愚の別なくだれとでもフランクにつきあう。革命家にありがちな権謀術策をもちいず、誠意と信頼を大事にする。スタイリストで、女からも愛される性的魅力を、そしてなによりも、敵さえも愛するほどの可愛げをもち合わせていた。自尊心の塊なのに、いつでもどこでも、自己放下できる。そのうえ剣が強い。

こう言うと、愛される要素満載の男に見えるだろう。だが長所は同時に欠点でもありうる。フランクだが、地位も、富も、力もない素寒貧だ。陰謀に踊らされ、利用される単純頭脳だ。母性本能をくすぐるが、重みがない。風まかせ、相手まかせのアシスト役だ。実際、龍馬をよく知るごく少数の人たちをのぞいて、腰が軽いが憎めない妙に気になる男とみなされている。

2 「伝説」の男

龍馬の人生を一筆書きにしよう。

「よばたれ」で、一日で塾を退学になるほどの愚童だった。一二歳で母を失い、のちは姉の乙女が母代わりになる。一四歳ではじめた剣術にようやく才を見いだし、一九歳で江戸に剣術修業の遊学（一年半）にでる。二一歳で父を失い、翌年江戸に剣術修業（二年）し帰国。棒振りでノンポリという評判が定まる。二七歳で土佐勤皇党に加盟したが、半年後に脱藩、江戸に出て勝海舟にあい、政治にめざめ、勝に師事し、神戸海軍操練所に参与し、海軍創設の夢をもつ。二八歳になっていた。

この遅咲きの男が、亀山社中《カンパニー》を創設し、薩摩と長州の「連合」を斡旋し、海援隊を率いて幕末の革命運動に参入し、船中八策をひっさげて大政奉還を画策し、なしとげたが、直後に暗殺され、三三年の短い人生を終える。

この人生は伝説に満ちている。三つに要約しよう。一、二八歳まで、愚童、棒振り、ノンポリ。二、日本海軍と海運の創設者で、ビジネス力で薩長連合を可能にした。龍馬の本質は「商人」である。三、大政奉還を掲げた龍馬は内乱を避ける平和革命論者であった。

この伝説は、龍馬が遅れてきた二流、三流の革命家でしかなかったことを物語る。反論はある。
一、母・姉っ子であったが、愚童ではない。龍馬の目は幼少時から土佐の外へ、日本の外へと注がれていた。江戸遊学の本筋は剣術修業ではなく、龍馬は勝にあうまえ、すでに開国による富国・強兵の思想をもっていた。土佐勤王党を離れたのは尊王攘夷に同意できなかったからだ。これらは龍馬の周囲に集まった親友や先輩たちを調べればすぐわかる。
二、薩長連合のアイデアは龍馬の発案ではない。しかし龍馬の斡旋と努力がなければ、連合はなく、倒幕はなかった（だろう）。三、龍馬は商人ではない。そのビジネスは、岩崎彌太郎がいう通り、行き当たりばったりで、三流の商人にも劣った。四、船中八策（維新プラン）は藩も幕府も否定し日本統一を図る龍馬だけが書きえた、天皇を戴く立憲民主政体論であり、維新二〇年後に、憲法発布と国会開設で実現した。

3　構想力の男

龍馬は眼が悪い。いつも眼を細めて遠くを見ている（ようだ）。眼は脳の窓（開口部）である。龍馬は幕末の誰よりも遠くを見ることができるプランナーであった。龍馬は、勝をはじめとする頭脳のサーチライトがなければ、自立した革命家になれなかったというのは、最大のあやまてる伝説だ。

龍馬は、四書五経からではなく、まずは友人たちとともに、先生、先輩から学ぶ。仲間の土佐勤王党が暗殺した吉田東洋の「尊王開国」論からさえ学んだ。しかし鵜呑みにしない。つねに懐から書を離さなかった勤勉家の中岡慎太郎が、尊王攘夷に凝り固まっていたのとは対照的だ。龍馬の最大知力は、プランナーとしての構想力（アイデア）にあったというべきだろう。薩長連合の説き伏せ成功は、実践熱の強さとともに、知力の情熱がなければ不可能であった。龍馬が、薩長幹部を前にして、彼らの頭脳のはるか先を予見する知的魅力を発しなければ、連合は動き出さなかった。こう確信できる。

維新運動を知的プロセスで眺めると、龍馬の卓抜さが際だつ。西欧の政治体制を紹介し、政治権力の外にある天皇を戴く・立憲民主制こそが日本の新政体にふさわしいと説く福沢諭吉とおなじ思想を、同じ時期に構想したのが龍馬である。龍馬だけだ。

龍馬はもとは商家からでた郷士（地主）で、れっきとした武士だ。海援隊は、海軍・海運（ビジネス）・学校の三位一体を標榜したが、この中でもっとも弱かったのは海運で、持ち船をことごとく事故で失い、ビジネスの成功例もほとんどない。岩崎が龍馬の海運業を引き継いだというのは、龍馬に対する過大評価だ。

4　完結した人生

龍馬ほどに女に愛された男がいるだろうか。母、義母、姉三人、千葉道場の娘、寺田屋のお登勢、妻のお龍、長崎の小曽根のおかみ、その他その他によってだ。このなかでお登勢がキー・ウーマンで、竜馬が幕末諸国の有名無名の志士たちと出会うチャンスを与えた。

最後に、龍馬は政界にデビューして数年で暗殺された。しかしその短い人生はみごとに完結している。その後の人生が具体的に描けないほど、完全燃焼した人生に思える。もし生きながらえていて、どこに居場所があっただろうか。政府にも、海軍にも、ない。一国を動かす組織者は龍馬にはふさわしくない。海運で龍馬の出る幕はない。あるいは、反薩長の旗印にされたかもしれない。しかし尻に帆を掛けて逃げだしただろう。ジャーナリストなら可能性があった。だがいちばん嵌って見えるのが、土佐の海岸べりの僻村に隠棲している姿だ。龍馬は維新を生みだすためだけに生まれてきたというのも、もうひとつの「伝説」だろうが。

12 ドラッカー——戦後最大の思想家の一人

（ピーター・ドラッカー 1909-2005）

1 経営学者というよりは思想家である

ドラッカーは経営学の父と言われる。たしかに『現代の経営』（54年）以下、数多くの経営《マネジメント》にかんする著書や論文を書いている。その経営学はもともと経済学の一分野として発展し、独立をはたした。ところがドラッカーは「わたしは経済学者ではない」と言う。ひじょうに強い意味でだ。二つの事実だけ確認しておこう。

三三年、ナチの手を逃れてオランダのフランクフルトからロンドンに移動したとき、ドラッカーはケンブリッジ大学に通い、ケインズの経済学講義を熱心に聞いた。感心はしたが、経済学が生きた具体的な個々の人間や社会を対象にしないことに失望する。

いま一つは、処女作『経済人の終わり』（39年）の題名に注目してほしい。この本の副題は「全体主義の起源」である。その批判対象は、台頭しヨーロッパを席巻しつつあったナチズム（国家社会主義）であり、ロシア国家社会主義であった。同時に、経済学が前提とする「経済人《ホモエコノミクス》」、経済的私益の極大化をめざして合理的に行動する「人間」という経済モデルに、「否《ノン》」をつきつけた。

経済学は生産と商品を中心におく。ドラッカーは『産業人の未来』(42年)を書き、「経済人」という概念を「産業人」に置き換え、「生産と商品」中心社会から、「消費と知識・情報・サービス」中心社会へと急速に転換してゆく資本主義の行く末を展望した。まさに六〇～七〇年代に本格始動するポスト資本主義＝消費資本主義の予言者であり語り部になってゆく。

『産業人の未来』の副題「保守主義的アプローチ」は、ドラッカーの思想、思考態度《マナー》を凝縮する表現である。これに対立するのは「否定的アプローチ」で、断絶と飛躍を基本とする。革命であり、維新だ。じゃあドラッカーは伝統的保守主義者なのか。否だ。通常の旧弊尊重で待機主義を基本とする保守主義者の対極にある。たしかに『断絶の時代』(69年)を書いた。しかし「断絶」とは何か、「いまここにある未来」のことだ。「すでに起こっている変化」を現在のなかに見いだす眼こそ、ドラッカーが求めるものだ。つまり、ドラッカーは経済学を否定したのではない。新しいより包括的な経済学を提唱したと言うべきだろう。

この保守主義的アプローチは特殊なものではない。プラトンからヘーゲルまで、歴代の思想家たちが愛用した思考法、「弁証法」のエキスに他ならない。どうです、これだけでも時代を切り拓いたすごい思想家と思えませんか。

2　日本を愛する日本通だ

ドラッカーは日本通で知られている。初来日は五九年で、情報＝コンピュータ社会の到来を語ったが、空想話と思われたそうだ。そのドラッカー、ロンドン以来の日本画愛好家である。収集した日本画の展覧会を日本で開くほど、日本の伝統をこよなく愛した。しかし文化的日本愛好家だけではないのだ。初来日以来、日本と日本人に、正確な理解にもとづく愛情に満ちた忠告、提言を数多く行なってきた。

初来日で、日本が経済大国になり、遠からず世界経済の牽引車になるといきなり語った。日本人には夢物語に思えた。ところがドラッカーの予言はほどなくして的中する。七〇～八〇年代、日本経済は世界の波頭に躍り出た。ところがバブルの崩壊後、一気に漂流しはじめる。ドラッカーの『最後の言葉』（05年）は日本と日本人に向けられたもので、こう言われる。

「失われた十年」という標語は間違っている。世界も日本も、かつての成功の原動力が、もはや作動しなくなった変化の時代に入った。この時代の変化に適用しなければならない。必要なのは「保護主義」の撤廃である。情報のグローバル化とトランスナショナルな経済の勃興が保護主義の息の根を止めた。今ひとつ重要なのは官僚システムの変革である。学歴の過度の重視と天下りをやめ、縦割り人事を撤廃してローテーション制にすることだ。最後に日本（語）の遺産を守りながら「言葉の壁」を乗り越えなければならない。このどの課題も簡単ではない。だが日本と日本人の知恵がこの困難（危機）を乗り越えるだろう。
内向きになっている日本人のうち、ドラッカーの遺言に耳を傾ける人はどれほどいるだろうか。

3 自力で困難を切り抜ける豪傑

ドラッカーの人生はじつにドラマティックだ。故国は、かつてのオーストリア＝ハンガリー帝国で、五〇〇〇万人を擁する大国だった。だが欧州大戦で敗北し、六五〇万人の小国オーストリアになる。ドラッカーが四歳の時だ。申し分ないほど裕福で知的な家庭環境に育ったドラッカーだが、一七歳で萎縮する家郷を棄て、ドイツのハンブルクで昼間は働き、夜大学に通う、自活の生活をはじめた。ジャーナリスト志望で、フランクフルトの新聞記者になり、学位を取った。オランダを棄てたのはナチスの弾圧を予期してのことだった。

三三年、ロンドンで保険会社の証券アナリストに就職してまもなく、フランクフルト大学で机を並べた女性ドリスに出会い、その後七〇年におよぶ長い人生をともに送ることになった。結婚を機に、「戦雲」せまるロンドンを後にして、新天地のニューヨークに向かったのは三七年であった。ドラッカーはつねにホットで自由な「現場」に身を置こうとする。

ドラッカーがめざしたのは文筆家（筆で食べてゆく人）であった。ジャーナリストはその第一歩である。ドイツ時代から温めていた処女作『経済人の終わり』をようやく出版したのが三九年で、故国を棄ててからすでに一二年余を経ていた。チャーチルの書評をえてこの本が英米でベストセラーになり、ようやく文筆家の道が開け、また非常勤ながら大学講師として経済学と統計学を教えることになる。ようやくターニングポイントに達したのだ。三〇歳であった。

『産業人の未来』はマネジメント業への道を開く。GMの副会長がこの本を読んで、調査依頼をしてくる。この調査結果をもとに書いた『会社という概念』は、GM経営陣をはじめとして、業界からも学会からも袋だたきにあった。しかし、ドラッカーは怯まない。経営者が嫌がる経営「改革」提案をする、それがドラッカー流だ。GE、IBM等のコンサルタントを引き受けたときも、この姿勢は変わっていない。

ドラッカーは、見られるように独立独歩の人だ。困難があればあるほどファイトを燃やし、自分で自分の道を切り拓いてゆく。経済学者とちがって、生きた人間と社会にいつも眼を向ける、と言うが、終局的には「個人」が自立して生きる自由社会を目ざす。その姿勢は処女作以来、変わっていない。その『最後の言葉』の「最後」が「個人のイノベーション」であり、若者よ「視野を広げよ！」であった。九六歳の直前まで「現役」（視野を広げて生きること）をやめなかった、日本人に対する最後の忠告である。

13 聖徳太子――日本史最大のスターにして謎の人物

1 スーパースター

長い日本史のなかで最大のスターは誰か？ これは誰にとっても興味尽きない問いかけではないだろうか。ベスト5を選ぶとするなら、聖徳太子、源義経、織田信長、坂本龍馬がすぐに頭をよぎる。あと一人が決まらない。ただ確実なのは太子が最高だということだ。

太子は天皇にはならなかったものの、摂政として、蘇我馬子とともに、内政、外交を直接つかさどる最有力の政治家、漢文化を積極的に輸入し日本に根づかせた各種の文化事業を推進した最良の進歩的文化人、学問の普及と深化に自らはげんだ特大の学者、思想家、文筆家でもあった。太子なしに今日の日本はありえないほどの功労者だといっていい。

学生時代からあしかけ二〇年余関西に住み、奈良斑鳩の法隆寺、大坂難波の四天王寺などの太子が建立した諸寺に親しみ、十七条憲法、冠位十二階の制定をはじめとする中央集権国家制度をつぎつぎに導入した政治指導力に驚き、遣隋使を送り「日出ずるところの天子、書を日没するところの天子に致す、つつがなきや」という独立自尊の国家意志を示したますらおぶりに感嘆した。

どの一つをとっても、まさにスーパースターの業績だ。

日本初の歴史書『日本書紀』でも、「お生まれになるともう言葉をお話しになり、聖人のような知恵をおもちであった。成人してからは、いちどに十人の訴えを聞いてもまちがいなくそれを判別し、これから起こることを前もってお知りになった。」とあるように、まさにお釈迦様の再来かと賞賛されている。

太子は「和をもって貴しとなす」（十七条憲法）で知られている。だが戦争否定論者ではなかった。崇峻（天皇）を馬子とともに弑《しい》（殺害）して政権を奪い、朝鮮の新羅（とその背後にいる隋）に征討軍派遣を主張するなど強硬外交を展開している。そういえば四天王寺の基は、太子が馬子と共同で排仏派の物部守屋を伐つために、戦勝を祈ってヌルデの木で四天王像をつくったことにあるとされている。

2 聖徳太子はいなかった!?

ところがである。古代史の、さらには日本史の超ビッグなスター聖徳太子の実在が怪しいのである。たしかに太子が行なった（とされる）政治、建立した（とされる）寺院は、あまねく知られている。著作は思想全集の一巻を飾ってさえいる。だが太子自身の実在が不明なのだ。どこにもその証拠が残されていない。実像が謎だらけなのだ。

孔子・釈迦と始皇帝・アレクサンドロス大王を足して四で割ったたたようなオールマイティな英

雄聖徳太子が活躍した記録はあまた残されているのに、推定非実在なのだ。そんなバカなと思うかも知れない。だが石渡信一郎氏をはじめとする古代史研究が明らかにした成果を繙くと、不在証明があるばかりなのだ。

　もちろん法隆寺建立や隋の皇帝に送った国書が虚構であり、デタラメだといいたいのではない。問題は『日本書紀』で用明天皇の第二皇子とされる厩戸豊聡耳《うまやどとよとみみ》皇子とは誰であるか、ということだ。聖徳太子でいいではないか、ではすまされない問題がずらーっとある。たとえば、隋に国書を送ったのは隋書で阿毎多利思比孤《あめのたりしひこ》と記された人物は、明らかに「天皇」であって皇太子、聖徳太子ではない。

『日本書紀』は、天智天皇の子である大友皇子（弘文天皇）を壬申の乱で打ち破って政権を奪取した大海人（天武天皇）とその夫人（持統天皇）が命じてできあがったものだ。そこには天武と持統が正統の皇位継承者であるという意志が示されている。まずこのことをはっきりおさえておこう。

　日本史の教科書で不可思議でならなかったのは、「大化の改新」と「壬申の乱」の取り扱いがアンバランスなことだった。大化の「改新」（革命）といわれるが、中大兄（なかのおおえ　後の天智天皇）が蘇我入鹿を謀殺し、政権を奪ったクーデタにすぎない。対して、壬申の「乱」は、天智＝大友＝天皇派と大海人派が、現在の奈良、大阪、三重、愛知、滋賀、京都を戦場にして戦った「大内乱」である。この二つの政治事件は、規模からも政治的な意味からも比較にならないほど異なる。ところが教科書ではまったく逆転している。(最近は「壬申の大乱」といわれるが、「大化の変」とは書かれていない。)

3 聖徳太子は馬子の虚像!?

以下はフィクションである。石渡氏が描き、わたしが修正したものだ。

蘇我氏は天皇家の一族で、しかも本流である。中大兄も天皇家だが、別流の物部氏に属する。その中大兄が中臣(藤原)氏と共謀して蘇我本家の入鹿を謀殺し、政権を奪った。これが大化の変である。天皇を殺して政権を奪うのはけっして珍しくない。現に『日本書紀』にも崇峻を殺して馬子(と太子)が政権を奪取したとある。

中大兄と大海人は兄弟とされている。だがこれも怪しい。父から息子へが正常な政権移譲である。同時に、兄から弟へ政権が移るのも異常ではない。無能な息子に、有能な弟が取って代わるというのであればなおさらだ。天智から弘文へはなかった、天智から天武へである。

問題は中大兄(別流)が入鹿(本流)を謀殺したことにある。石渡氏は、大海人は蘇我=天皇家本流の皇位継承者であるという仮説を立てる。大化の変で政権を失った本流の大海人は、吉野に逃れ、近江の天智政権と距離を取り、機を窺う。中大兄は、即位して初めて天皇の称号を名乗り、国号を日本と定めた直後に、病没する。壬申の大乱の幕開けだ。

天武(大海人)は、天智(中大兄)が入鹿(天皇)を殺し、自分が弘文を殺した、血塗られた天皇家の過去を隠蔽するために、本流を蘇我氏、別流を物部氏と書き換え、崇峻天皇の謀殺も臣下の馬子が犯した事件である、と処理したのである。

ここから見えてくるのは、太子は馬子の、そして用明の虚像だろうということだ。太子＝馬子＝用明説が成立すれば、隋に国書を送った「天皇」が馬子であり、蘇我氏に反旗を翻して入鹿を謀殺して中大兄が天智天皇となり、蘇我氏の流れを汲む大海人が天智の子（弘文）を武力で打ち倒して、天武天皇となった皇統＝天皇の歴史の暗部が、見事にかき消されることになる。

さて、あなたはこういうミステリーまがいの古代史の謎の一端を窺い知って、皇統は血塗られている、等と、皇統否定に陥るだろうか？　皇室伝統のなかに、いまではもはや窺い知ることの出来ない猛々しい血流があることを知って、わたしなどはむしろなるほどと納得させられる。

ただし聖徳太子の実在が不明だとして、ここに描いたようなストーリーが歴史事実だなどと断言したいのではない。歴史（history）は物語（his-story）である。語り手によってストーリーが異なる。もし弘文が勝利して、正史を書かせたとしたら、ストーリーはずいぶん変わったものになっただろう。聖徳太子を創作する必要もなく、大海人は正史に登場する余地もなかっただろう。天智の血脈が正統である、で終わる。

14 周恩来——独裁者の標的になることを避け、晩節を全う

（しゅうおんらい　1898・1976）

1　不倒翁

「不倒翁」とは「おきあがりこぼ（う）し」（起上り小法師）のことで、達磨《だるま》大師がモデルである。「七転び八起き」、何度倒されても起き上がる不撓不屈の人を指す言葉で、最近ではチャイナの首相を長い間続けた周恩来の代名詞とされたが、周の場合は文字通り「倒れない人」だった。

チャイナ共産党は、政権を掌握する以前も、以降も、党内における主導権争いが激しく、そのリーダーたちの浮沈がまことにめまぐるしい。「正史」は、毛沢東が指導権を確立した一九三五年に、自己批判した周恩来は、毛を唯一無比のトップ（＝君）として仰ぐ忠実なメンバー（＝臣）であったとされる。

しかし「正史」とは激しい党内闘争、粛清等々の中で勝ち残った勝者である「国父」毛沢東をメインにした「歴史」である。トップが毛沢東で、セカンドが周恩来、サードが「文化大革命」で総書記のポストを追われて七三年に復活し、また追放・復活して、現在の「開放経済」の基を築いた鄧小平だろう。（倒されても起き上がる人という意味でなら、鄧小平が不倒翁にふさわし

い。）

日本の敗戦後、チャイナでおこった国民党蒋介石政府と共産党との内戦に決着がついた一九四九年に、チャイナ人民共和国（the People's Republic of China）が成立し、毛沢東が国家主席に、周恩来が首相（政務院総理）になった。その後、ロシア（ソ連）とチャイナ（中共）の対立、文化大革命、アメリカとチャイナの接近等々で、国家や党の実権が二転三転し、チャイナ共産党のほとんどの中心メンバーが粛清、失墜、自殺等でポストを追われた。しかし、周だけは一度もポストを失うことも、失墜することもなく、その死の一九七六年まで首相と外務相を務め、二五年以上にわたって共産チャイナ政府の顔でいつづけた。まさに倒れない人である。

たしかに独裁者で死ぬまでトップを譲らない人はいる。だがナンバー2あるいは3が同じ地位を保ち続けるのは至難の業だ。表面的には共産党とその国家の顔であり続けた毛でさえ、一九五九年、餓死者数千万人を出した「大躍進」の失敗によって、国家主席のポストを劉少奇に譲り、実質的にトップの座を明け渡している。対してその毛に終生忠実だったとされる周は首相の座に留まった。

2　風見鶏とは右顧左眄の代名詞ではなく、風読みの名手

毛は返り咲きを狙って、一九六六年、「文化大革命」という名をかりた党内闘争を開始する。青少年からなる「紅衛兵」を押し立てて「造反有理」の旗を振り、権力闘争をチャイナ全国を巻

き込む内戦にまで拡大し、劉少奇国家主席をはじめとする党と国家の指導部を「実権派」＝「走資派」と名指して追い落とし、返り咲いた。

言ってみれば、重役会議で名誉会長に棚上げされた元トップが、若手社員や株主に不満を焚きつけ、あるいはマスコミを扇動し、現経営陣を大衆団交やつるしあげ、ときには自宅襲来などによって攻撃し、追放したのだ。

このとき周恩来も当然攻撃に曝されるべき「実権派」の一人だった。ところが周は「文化大革命」の帰趨を素早く察知し、「実権派」批判の一人として立ち居振る舞ってことなきをえた。この「文化大革命」という動乱は、チャイナの政治経済文化に大打撃を与え、国民の生活を疲労困憊させ、チャイナの歴史を二〇年間後戻りさせたと言っていいだろう。

実権を再び握った毛は、紅衛兵と解放軍を指揮した第一功労者である林彪《りんぴょう》を、党の規約（憲法）を改正し、後継者であると明記する。だがナンバー2のポストほど危険なものはない。トップを脅かすからだ。一九七一年林は粛清される。「罪状」は毛暗殺を計画し、ソ連（共産ロシア）に内通したということだった。

一九七二年、劇的なニクソン（アメリカ大統領）と毛（チャイナ共産党主席）の握手が生まれた。これをお膳立てしたのが、キッシンジャーと周で、周はチャイナの国際孤立に楔を打ち込む。しかしこれが毛にとっては面白くない。

一九七三年、鄧小平が復活する。かつては文化大革命で批判と攻撃の最大の的になり、失脚したのが鄧だった。毛が鄧に期待したのはいまやナンバー2になった周を牽制することであり、周は国内と党内の「再建」、経済成長の流れを作る手腕を鄧に期待した。

こう見ると、周恩来はつねに権力闘争の風向きを読み違えなかった「風見鶏」であることがわかる。

日本の政界で「風見鶏」というと、蔑称で、風向きばかりを気にする大勢順応型の定見のない人物のことだ。だがスペインなどを旅行すると、教会をはじめとした古い高い建物のてっぺんには決まって風見鶏がおかれている。飾り物ではない。

風を読んで、大勢の向き具合を誤らない、これが風見鶏(風向計)だ。政治家として周が「不倒翁」と言われるのは、この風向きを見誤らない能力に長けていたからだ。

3 「晩節を汚さず」の一念が「成功」に導く

しかし「成功」し続けるためには、あるいは、死後もなお「成功」(功名)を維持できるのには、いま一つの要素を必須とする。

周はけっしてナンバー1にとって代わろうという言動を取らない。つねにトップを立て、面従腹背を厭わず、追随する。トップが入れ替わる可能性が生まれると、風向きに全神経を傾け、帰趨がはっきり読み切れるまで甲乙いずれかの態度を鮮明にしない。さらに言えば、凋落するトップとそのグループを可能なかぎり鞭打つような言動を取らず、勝ちを制した潮流に全身を預けることもまた控える。

だから周がつねに回避したのはナンバー2（後継者）のポストに着くことだった。周はいつも主流派にいる。しかしナンバー3あるいは4のポストにいて、ナンバー2には（毛沢東vs）劉少奇、（劉vs）鄧小平、（毛vs）林彪がいる。だから林の失墜後、周がナンバー2に押し出された時期が、その政治生命で最大ピンチを迎えたといっていいだろう。実際は、毛がまだ生きていたとはいえ、周は国内外ともにナンバー1と目されたこのとき、周がしゃしゃり出て、毛の標的の最中心にわが身を曝す「愚」を犯したら、あるいは「不倒翁」の代名詞になることはなかっただろう。

周がとったのは、かつての総書記鄧を復権させて最高実力者の地位にすえ、若い華国峰を毛の後継者に据えることで、「死の床」にあった毛が周を後継者に指名するという最大ピンチを凌ぐことだった。周恩来は「晩節を全うした」数少ない政治家の一人である。周の死の直後、鄧は再び失脚するが、間をおかず毛も亡くなり、周は「墓」を掘りかえされて「名誉」を汚されずに済むという幸運をもった。

ただし誤解しないでほしい。周が「不倒翁」でありえたのは、優れた組織遊泳術もさることながら、独裁者といえども抹消するには惜しい抜群の政治能力、政策立案とその実現力に長けていたからだ。この点を銘記したい。

15 西郷隆盛——近代日本の最高英傑　栄光と悲劇はひとつながりのものである

（さいごう　たかもり　1827－77）

西郷隆盛は明治維新の最高武勲者である。西郷なしに維新の実現も、維新政府の存続もありえなかった。どういう意味でか？　この意味を明示することが本論の課題である。

明治維新は反幕・討幕＝倒幕運動として始まった。倒幕とは何か？　中央政府、徳川幕府の打倒である。二つの方式があった。徳川を一大名に格下げする方式と、幕府を廃滅させる方式である。いずれも統一国家（政府）樹立を目したが、大幅な自治権を持つ「藩」という分国の連合政府である。大政奉還の後に成立した王政復古の明治政府は、国軍も納税権（財政的基盤）ももたない脆弱な体質で、薩長土肥雄藩の力に依存せざるをえなかった。西郷は最強の薩摩藩の力を背景に討幕運動の最前線に立ち、この運動の《統合》力として振る舞った。

1　神算鬼謀の革命戦略家

薩摩はその建国以来《外交》に長けた人間を輩出した。関ヶ原の戦いでは、おなじ敗者とはいいながら長州が三分の一に減封されたのに、本領を安堵された。西郷はこの薩摩の伝統を受け継いだ《神算鬼謀》の革命戦略を駆使したスーパー・リーダーである。大久保利通も謀略の人だが、西郷のそれは局所を一撃の下に打つ破壊力抜群のものである。

たとえば、おなじ尊王攘夷派で反幕派のリーダーであった長州を朝廷・京都から追い落とした、薩会「同盟」である。ところが怨敵長州と密約（連合）し、第二次長征を失敗に終わらせた外交駆け引きだ。あるいは、大政奉還の後も政局を主導する将軍・幕府を「戦争」に引きずり込み、朝敵に仕立て上げ、官軍のトップとして賊軍を撃破し、親幕勢力を力でねじ伏せた戦闘力である。これらは西郷の意志と行動なしには成功しなかったと断言できる。

王政復古は明治維新の第一段階にしかすぎない。全国三百余州の藩は残存したままだ。維新の第二段階は廃藩置県である。西郷は二万余の薩摩軍の力を背景に、廃藩置県を断行する。それは同時に武士階級の廃絶をも意味した。廃藩を大名の多くは膨大な借財の帳消しで「歓迎」したが、薩摩藩と薩摩武士は異なる。国父島津久光は西郷・大久保の瞞着による奪藩を終生許さなかった。

ひるがえって維新は日本政府を作ったが、日本人に福をもたらしたか。大名と士族は身分＝《誇りと定収入》を失った。庶民の税は軽減されずに《徴兵の義務》が加わった。総じて変革には痛みが伴う。だが成り上がった政府の大官、小官に権力と金力が恣にされた。幕府が薩長閥に変わっただけだ、否それより悪いという怨嗟の声が上がって当然である。とりわけ士族の憤懣が全国に充満した。このガス抜きをどうするか？　明治政府の避けて通れない緊急の課題である。これに手をつけたのが西郷なのだ。

2　革命の惨禍を一手に引き受ける覚悟――征韓論と西南戦争

西郷は「征韓」論をめぐる政争で大久保の「秘策」に破れ、下野する。西郷とともに、四参議が下野した。明治政府の分裂である。しかし征韓論とは何か？　西郷は征韓によってなにを目指したのか？

明治維新以降、韓（朝鮮）は列強の圧迫によっても鎖国政策を変えず、開国した日本を「洋賊」とののしり、日本との通商条約締結を拒否した。征韓論といわれるが、西郷の「主張」は、板垣の武力によるものではない。西郷は朝鮮派遣使節として非武装で「単身」乗り込み、誠心誠意交渉に臨むという。だが西郷は陸軍大将・参議（筆頭）・近衛都督《ととく》という政府・軍のトップである。その西郷が足蹴にされただけでも、両国の「開戦」は必至になる。それに西郷は韓に《死地を求め》ていた節がある。大久保はあらゆる手を打って西郷の韓渡を阻止した。内憂のほかに外憂も抱え込み、脆弱な政府を破綻の淵に追い込む愚を避ける賢明の策であった。

しかし西郷の胸中はこうだ。三百万人にものぼる士族集団が抱く不満と憤怒エネルギーの落しどころ、とりわけ西郷に従って戦った薩摩の精鋭武装士族の膨張したエネルギーをどうするか。このやりどころを間違うと維新の事業自体が壊滅する、というものだ。

秀吉の明討伐・朝鮮「征伐」は悪評紛々だが、忘れてならないのは天下統一＝和平後にくる最重要案件、戦国末に膨大化した軍事エネルギーの消滅策である。秀吉はこの可燃物を朝鮮半島と明に輸出した。なかばは消尽し、関ヶ原、大坂冬・夏でおおよそ燃え尽き、島原で残り火が消えた。およそ四五年かかった。反して、西郷下野のあと、佐賀の乱、台湾出兵、屯田兵開拓、神風連・秋月・萩の乱から西南の役の終焉まで、わずか四年で可燃物は消尽した。この可燃物の上にとどまり続け、自爆したのが西郷である。

西郷はみずからの手で作った政府と日本の存続を、自ら可燃物の犠牲になり、逆賊になることで図ったのである。悲劇だが、西郷にもっともふさわしい光輝ある悲劇である。西郷と大久保は陰陽手を携え明治維新を断行し、死守したのだ。

3　巨星、一閃の光芒を放って、消える――英雄の美学

西郷は、江藤淳が「西郷隆盛という思想」といったように、とりたてていうほどの学問・思想の持ち主ではない。新国家にふさわしいプランを持っていたわけではない。しかも「西郷ほど肚《はら》の黒い男はいない」（木戸孝允）といわれるほどの《機略の人》だ。反面、西郷にあった人間の大部分はその器量の大きさ、腹の据わったたたずまいに圧倒され、感動する。西郷自身がすなおに感応できる人間である。

沈静の人で、議論を好まず、阿諛追従には無縁である。だがいったん西郷を必要とする事態が生ずれば、最困難で立起し神速をむねとして死地に飛び込むことを厭わない。リーダーに仰げばこれほど頼もしい人間もいない。連戦連勝の神話が生まれた。この魅力に、薩摩二万の兵が西郷

の膝下に集結し、賊徒の誹りを厭わず暴発したといっていい。

しかし西郷は二八歳で藩主斉彬に見いだされるまで、郷士のリーダー的存在で巨体巨眼で異彩を放ったが、郡方書役助という最下僚にしかすぎなかった。藩主斉彬に抜擢され、「外交」で才腕をふるうようになるが、三二歳のとき斉彬を失う。その後は「失敗」の連続で、心中未遂、奄美流罪、三五歳で召還されるが、直後、藩命に逆らい沖永良部へ流罪、許されたのが一八六五年三九歳の時で、巨人西郷が幕末政界に本格デビューし、動かざること山の如しの西郷が疾風迅雷そのままに明治政府樹立へと馳せ上ってゆく。大久保との二人三脚でだ。一脚の紐は征韓論を巡って切れる。だが維新を陰陽二つの極から支えたのがこの二人であったことにかわりはない。

16 コナン・ドイル――シャーロック・ホームズに「殺された」作家

（1859-1930）

1 世界でもっとも愛読されてきた本

世界でもっとも多く繙《ひもと》かれた本といえば、まちがいなく聖書だろう。しかし全世界でもっとも愛読された本といえばシャーロック・ホームズ物語全六〇編にまさるものはないと断言していい。この一〇〇年少し前にはじめて現れた小説はたんに愛読されただけではない。ロンドンのベーカー街の探偵事務所が（いまも）実在し、多くの人を招き入れ、熱狂的なホームズファンであるシャーロキアンの団体が三〇〇を遙かに超え、有名無名の作家たちがホームズをモデルにした作品、あるいはホームズもの（パスティーシュ）を書き続けている。わが半七親分（岡本綺堂『半七捕物帳』）も明智小五郎（江戸川乱歩『屋根裏の散歩者』）もホームズの「子・孫」である。ホームズものが闊歩するのは出版界ばかりではない。映画、芝居、TVドラマ、アニメ等の世界で一大産業となっている。これを無尽蔵の金鉱脈の発見にたとえてもいいだろう。

ただし探偵小説（ミステリ）というジャンルを「誕生」させたのはエドガー・アラン・ポーであり、ホームズを創造したアーサー・コナン・ドイルは探偵小説を「自立」させた最大功労者というべきだろう。その後続々と現れた名探偵たち、ポアロ（クリスティ）やブラウン神父（チェスタトン）たちのほとんどは、ホームズに密かなしかし固い対抗心を抱いて登場することとなる。ホームズの登場なしには有象無象の探偵たちの登場と活躍はありえなかったかもしれないと想像すると、ホームズの重さのほどがわかろうというものだ。

2　世評と自評の落差――二流、三流の小説家ではありたくない

探偵ホームズが長編『緋色の研究』で登場し、一八九一年彼が活躍する短編が「ストランド」誌でつぎつぎに発表されるやいなや一躍多くの読者に迎え入れられた。同誌が10万部ほど増え

たというのだから尋常な人気ではない。出版社にとっては打ち出の小槌となり、作者ドイルには莫大な収入をもたらした。

それまでドイルは苦学の末に名門エジンバラ大学医学部を出たが、資金難で開業もままならず、開業しても閑古鳥が鳴く成功もおよびつかない失敗医者であった。小説を書いて売り込んだのも、生活費を得るためであった。ところが作家としての「成功」にめどが立ちはじめると、ドイルは二流、三流の娯楽小説ではなく、本格的な歴史小説に没頭しだした。その最初の成功が『白衣の騎士団』である。それに意を強くして、ドイルは「無謀」にもわずか一年八カ月でホームズを殺してしまう。いっきに購読者が2万人減ってしまった。

読者や出版社にとっては暴挙だが、一流の作家になりたい、同時代のオスカー・ワイルド（『ドリアン・グレイの肖像』）と肩を並べたいというのがドイルの野心であった。

しかし読者も出版社もホームズを見殺しにはしなかった。それに作者が意気込んで熱中した「傑作」は、彼の予想に反して世評を得ることも、思うほどの収入をもたらすこともなかった。それでいやいやながらビジネスのため、ホームズは死んだが過去の事件の「回想」というかたちで連載を再開する。かくして4本の長編のほかに、「冒険」「回想」「生還」「最後の挨拶」「事件簿」とシリーズ名を変えて一九二七年三月まで読者と出版社の声に押されて名探偵ホームズが活躍し続けることになった。

3　心霊主義者――ホームズから遠く離れて

ホームズは冷徹な合理主義者・無神論者で、徹底したエゴイスト、通常のモラルや人情・世評を、ましてや異性愛などを超越した芸術家肌の人物である。ところが作者のコナン・ドイルは、医者だが家族思いで、十分に愛に飢えており、クリケット、スキー、ボクシング、自動車等に熱中できるスポーツマンタイプの人間であり、正義と世評を気にする愛国者でもあった。ドイルが、歴史戦記物、冒険小説、ＳＦ（『失われた世界』）を書いたのは、自分は何か偉大なこと（サムシング・グレイト）に献身のためにこの世にいる、という「脅迫」観念に動かされてのことであった。まるでホームズと正反対の人間ではないか。ここまではまだいい。主人公と作者は別物である。

ところがドイルは一八九三年、ホームズものを書き出してすぐあとに、心霊現象研究協会に入会する。そして一九一六年から本格的に心霊現象の実証と普及のためにアメリカやオーストラリアにツアーを組んで宣伝活動に全勢力を注ぎ込みはじめた。その端的な信念は「死によって心の形や特性が変わることなく、霊として存在し続ける」というもので、心霊に関する講演はもとより降霊実験を主催することしばしばであった。しかも霊媒師による実験の虚偽やトリックが暴かれても、心霊主義の信念がドイルから弱まっていくことがなかった。

ドイルは最晩年に至るまで断続的にホームズものを書き続けている。書き続けなければならなかったのだ。ほとんどボランティアに等しかった心霊主義の実証と布教のためにである。この資金の大半はホームズからもたらされたのだ。

心霊主義者ドイルにもっとも戸惑い、その発言と行動を嫌悪し、かれを「狂人」として見捨てたのはホームズ愛読者たちである。たとえば『シャーロキアン百科事典』にはホームズ（1854~1957）の「年譜」が五頁にわたって掲げられている。ところがドイルの「小伝」はわずか四頁にすぎない。これほどまでにドイルは「不遇」なのである。

しかしよくよく考えてみるといい。ドイルが心霊主義にとりつかれたおかげで、ホームズをなんども葬り去りながら、そのつど復活させ、活躍させなければならなかった。心霊主義への傾倒がなければ、読者は引き続きホームズの超人的な活躍を最後まで堪能することができなかったのだ。六〇編の過半が現れなかったのだ。

4　ホームズとワトスン

ドイルはビジネスのためにだけホームズものを書き継いだのだろうか。そんなことはない。軽いものを書くから、重厚なものに心が移動する。重厚から短小に心が振れる。合理主義と非合理主義は同居可能なのだ。ワトスンという軽信の人物がいるから、クールなホームズが縦横に活躍できる。これが事実であり、自然なのだ。

作品のなかでワトスンはつねに損な役回りを演じている。ホームズに酷評され、さんざんに引き回される。このワトスンの外観にそっくりなのが太っちょのドイルである。しかしよくよく観察してみるといい。フットワークがいいのはワトスンなのだ。ワトスンなら心霊現象だって信じるだろう。そのワトスンがホームズを心底から愛する。ホームズが麻薬中毒のような人格破壊行為に陥っても見捨てない。ドイルがホームズを愛し、見捨てなかったようにである。（書き）飽きることと愛することは同じひとつの振り子の現象で、自然なのだ。

17 伊藤博文――大久保の後を引き継いだ、民主日本の真の建設者

（いとう　ひろぶみ　1841‐1909）

1　幕末の英傑、明治の英傑

維新の三傑といわれる。薩摩の西郷隆盛、大久保利通、桂小五郎（木戸孝允）である。五傑というと、夭折した長州の高杉晋作と暗殺された土佐の坂本龍馬が加わる。

維新後、維新政府樹立の最大の功労者である西郷は郷里にいったん帰るが、大久保に説かれ薩摩軍を率いて上京し、廃藩置県（政府が県知事等の任免権をもつ郡県制）を断行する。

ところが一八七三（明治6）年、征韓論をめぐって血友とでもいうべき大久保と西郷が対立し、敗れた西郷は参議（閣僚）を辞任して下野し、土佐の板垣退助、後藤象二郎、肥前佐賀の江藤新

平、副島種臣もそれに続き、明治政府は片肺飛行となり、発足以来最大の危機をむかえたのである。

この危機を乗り切ることができたのは、内務卿として政治経済の要の中枢に座り、ひとりで三役四役をこなした大久保の働きがあったればこそである。大久保は内政を固め、難問だらけの外交を硬軟とりまぜて処理し、各地で起こった士族の反乱を弾滅せしめ、かつての盟友西郷が二五〇〇〇の兵とともに決起した西南の大乱を圧倒的数と装備力を誇る国軍・警察を投じて鎮圧した。だがこの大乱中に長州の木戸が病没し、大久保も西郷を追うかのように紀尾井坂で暗殺されるにおよんで、維新の英傑はすべて姿を消し、再び政府は分裂と迷走の危機を迎える観があった。

大久保のあとを襲ったのは、佐賀の大隈重信と長州の伊藤博文である。このとき大隈は伊藤より三歳年上であっただけでなく、政治キャリアも長く、七三年からは大蔵卿を兼ね、大久保亡きあと参議筆頭（首相格）の地位にあった。

伊藤が大隈を参議から追いやり、明治政府のトップに躍りでたのはいわゆる「十四年の政変」である。しかしこのどす黒い権力闘争で賭けられたものは明治政府の最高最大の課題、「憲法起草」と「国会開設」である。

大隈がイギリス憲法をモデルにし、早期国会開設を主張した開明的な民権論者であったのに対し、伊藤はプロシア憲法に範をとる、国会開設を可能なかぎり遅らす国権論者であった、という理解がまかり通っている。そうなのか。（プロシア憲法はイギリス憲法をモデルにしており、ビスマルクのドイツ憲法と同じではない。）

2　秀吉、博文、角栄――庶民宰相

伊藤博文は一八四一年、周防国熊毛郡束荷《つかり》村（山口県光市）に、林十蔵・琴の長男として生まれた。幼名は利介長じて俊輔という。父は自作農とは名ばかりの五反百姓で、四六年破産をきっかけに萩にでて足軽（中間）に仕え、その養子に入ったので、しぜん伊藤利介も最下級ではあるが士分の身になった。

出自からいえば、大宰相の名をほしいままにした伊藤博文は、太閤秀吉、今太閤といわれた田中角栄と同じように、文字通りの庶民宰相なのである。

伊藤の幸運は吉田松陰の松下村塾が近かったことだ。萩にでてここで学んだことが、その後の人生を決定したといって過言ではない。門下生の高杉晋作、前原一成、久坂玄瑞、品川弥次郎と、別格の桂小五郎たちがいなければ、幕末期から明治期にかけた伊藤俊輔の活躍は考えることができない。（伊藤自身は、松蔭に「周旋屋」と書かれ終生恨みに思っていた。執念深い性格の表れだろう。）

とくに高杉の影響は決定的で、品川のイギリス公使館放火事件も、藩庁が長征幕府軍に無条件降伏した直後、伊藤が力士隊を率いて藩庁打倒の狼煙をあげ、政権奪取できたのも、高杉のリードがあってのことである。

また伊藤が明治政府のなかで重要なポストを占めることができたのも、いかに才能豊かだったにしても、長州閥のトップ木戸孝允の特別の引きがあったればこそである。

しかし同時に強調すべきは、藩閥政治横行のなかで、伊藤が人脈・系列をたよる派閥主義者ではなかったということだ。

伊藤は内政と外交のバランスをしっかりとりながら、民主政治の制度設計を暫時的に推し進める薩派大久保利通の政治手腕に惹き寄せられてゆく。木戸は子飼いの伊藤やその盟友井上馨が大久保に組み込まれてゆくことに嫌悪の情を示し、しばしばサボタージュをするようになり、伊藤は長州閥の事実上のリーダー役を担わざるをえなくなり、大久保「独裁」政府において長派の切り札的存在となってゆくのである。

木戸が没し、大久保が凶刃に倒れたとき、薩長閥のトップにいたのが黒田清隆と伊藤であった。黒田は大久保や西郷に比すべくもなく、人脈を主とする情の人で、激動期に一国を任すにたる俊英ではなかった。

3　天皇を戴く民主政体

伊藤は、開拓使払い下げ問題でマスコミに叩かれて窮地に追い込まれた黒田（参議・開拓使長官）を抱き込み、ただ同然で払い下げを裁可した内閣の長である大隈を人身御供どうぜんに罷免へと追い込む。この策略の切れ味は大久保を彷彿とさせるものがある。しかし伊藤は大久保のように政敵を切って捨て、再起不能に陥れ、ときに命を奪う手法をとらない。リベンジのチャンスを残す。のちに大隈は伊藤に迎えられ、首相になっている。

重要なのは、民権派か国権派かというような二者択一的理解ではない。大隈も伊藤も、国権論＋民権論＝民主制論である。違いはその実現のスピードにある。大隈の意見を極端化すれば、国会を早期開設し、そこで憲法草案を出し合って議論し決めればいいというものだ。ただし、これではなにがでるかわからない。

対して伊藤は、憲法は国体《くにがら》の要である。外国憲法をモデルにして、それを日本に当てはめるという乱暴なことはできない。各国には各国なりの特徴がある。日本は、他国を参考にするとしても、国情とりわけ自国の伝統に照らし合わせたものでなくてはならない。拙速は避けるべきだ、という。

もうひとつ大きな問題があった。成長された明治天皇が、その取り巻きを含めて、現実の政治にしばしば口を挟む機会が多くなっていたことだ。これにどう対処すべきか。

明治憲法には「天皇大権」がある。同時に天皇が直接政治に容喙することを禁じる垣根が幾重にも巡らされている。天皇を戴く（象徴天皇）民主政体とは現在の日本国憲法に連続するのだ。

伊藤は、国会開設ののち、政党政治を実現するために下野する。民主政治とは長いプロセスのことである。大隈はその実現を直に実行に移すべきと主張し、敗北し、下野する。伊藤は民主政治の第二段階のために下野する。二人の下野がなかったら、日本の民主化過程はもっと混乱し、後退していただろう。

18　チャーチル——戦争と革命の時代、二〇世紀が生んだ最大の政治家

（ウィストン・チャーチル　1874‐1965）

1　戦争と英雄

戦争が英雄を生む。これは古今東西の事実である。遠くはアレクサンドリア大王であり、秦の始皇帝である。近くはナポレオンであり、わが西郷隆盛である。その西郷がナポレオンを憧憬した。そういえばベートーベンの「英雄」はそのものずばりナポレオンに捧げられた。

同時に戦争が生んだ英雄は急速に声望を失うのを常とした。ベートーベンはナポレオンが皇帝位に登ったとき、憤怒のあまり「英雄」の楽譜を引き裂いたそうだ。

ナポレオンを仰ぎ見た現代の英雄にイギリスのチャーチルとドイツのヒトラーがいる。この二人、出自も性格も（ついでにいえば容姿も）、思想も政策も、趣味も生活態度もことごとく異なるが、一方はイギリス帝国を、他方はドイツ帝国を再興しようとした点では同じである。それも戦争という手段によってだ。二人とも絵画を得意としたではないか、といわれるかもしれない。

しかしチャーチルは素人絵画で成功し、ヒトラーは画家になろうとして失敗したということは知っておいていい。

チャーチルの「戦争」好きはほとんど生来のものだといっていい。かれはイギリス帝国の絶頂期、ヴィクトリア時代の申し子として育った。見るべき大きな戦争がなかった。ざっくりいえば、一九世紀ヨーロッパは前中期が「戦争と革命」の時代だったのに対し、後半は「平和と安定」の時代で、史上初めて緩やかなデフレの波に襲われたという点でいえば、二〇世紀後半から二一世紀にかけた先進国の姿によく似ている。

チャーチルは英国屈指の名門に生まれ、父はオックスフォード大を出て三六歳で大蔵大臣になった俊英で、母はニューヨーク・タイムズの大株主を父にもつ才媛であった。ところがチャーチルは勉強が嫌いで、ために陸軍士官学校受験に二度失敗をするというていたらくで、両親の失望を買った。だが正しくは、根っからのスポーツ・戦争・冒険好きのため勉学に身が入らなかったというべきだろう。

士官学校を卒業すると、本格的にみずから「戦争」を求めて、キューバ、インド北部、エジプト、スーダン南アフリカ（ボーア戦争）の戦場に出かけ、何度も死線をさまよっている。その戦争がチャーチルにもうひとつの才能を開花させた。彼が書いた従軍記が一躍ベストセラーになったのである。戦争を真ん中において、政治と執筆が彼の生涯の職業《ジョブ》となった。

2　変節と失敗

有名作家になったチャーチルは、その名を利して、二六歳で保守党の下院議員となるが、その政治姿勢は党利党略にではなく独立独歩の主張で貫かれている。

独立独歩といったが、チャーチルが生涯にわたって変わることない政治信念としたのは、大英帝国繁栄の「防衛」であり、無邪気なほどにこの信念、大英帝国主義と植民地主義を保守＝貫徹しようとした。ために反共・保守で知られるチャーチルは、変節を嫌う英政界で、保守党から自由党へ、自由党から憲政党へ、再び保守へ鞍替えすることをまったく躊躇していない。政界を泳ぐ「風見鶏」に特有の変節＝鞍替えではなく、矜持の鞍替えである。党のリーダーにとってまことに扱いにくい人物であったのだ。

チャーチルは再起不能の失敗を第二次世界大戦以前に犯している。一に、海相として欧州大戦時に遂行したダータネルス海峡奪取計画である。（陸軍少佐に降格、志願して前線に従軍した。）二に、蔵相時代に金本位制の復帰策をとった失敗である。（文筆生活に逃避。）三に、ウインザー公（国王）の結婚問題に積極的に関与して、国王退位で終わった失策である。（このときも文筆と絵画に逃避。）

引退を覚悟したほどの失敗から、チャーチルはいつも不死鳥のように再起している。一つに国の運命が彼を求めたからだ。二つにチャーチルが本節を曲げなかったからだ。

第三の失敗後、およそ四年間、政治生命は終わった、外野席から「荒野の警告」を発するジャーナリスト、歴史家といわれたチャーチルを復活させたのは、大英帝国の存亡をかけた国難であった。ナチスドイツとの戦いである。

膨大な死傷者と物的精神的損害を生み出した第一次大戦後のヨーロッパを襲ったのは、厭戦気分と平和主義である。一方で、戦勝国英仏は、戦争の火種となったドイツが軍事復活するのを阻むために莫大な損害賠償を背負わせ、いっさいの軍事力保持を禁じた。他方、ドイツでヒットラー内閣が成立し、再軍備を強行し、国連脱退し、オーストリーやチェコの北部を併合しても、平和的手段＝会議で「欧州に平和を」とドイツに対する「融和」政策を採り続け、ドイツの軍事侵攻を免罪し、ドイツ軍をモンスターに仕立て上げた。

まさにチャーチルが「荒野」で警告を発し続けたのは、チェンバレン内閣がとったドイツに対する宥和政策であった。

一九四〇年、ドイツの猛攻を前にして、六六歳の保守党チャーチルは労働・自由党との挙国一致内閣の首相として、はじめて英国家の舵取りを任されたのである。

3　平時に戦争屋はいらない

フランスはあっというまにドイツに呑み込まれた。平和主義のためイギリスの陸軍も海軍も昔日の姿ではない。国民に厭戦気分が蔓延し、フランスの敗北主義が伝染している。チャーチルは軍備の拡充強化を図る一方、国民の戦意を高めるために、ロンドン市民に疎開を禁じるという強行策をとった。国家の運命と私人の運命は一つなのだということを実体験させるためだ。

しかし英国にはかつての力はない。自力でドイツの攻撃をしのぎ、跳ね返せない。なんとしてもアメリカをこの戦争に巻き込まなければならないのだ。だからチャーチルは卑屈とも思える言辞を連ねて、ルーズベルト大統領に毎日のように援助、助言、援軍要請の手紙、電報、電話をかけまくる。他方、目前の敵ヒトラーの攻撃をしのぐために、最大の敵ロシアのスターリンとも手を握ることを躊躇しない。ドイツの目がロシアに向いているあいだに、なんとしてもアメリカを参戦に踏み切らせる必要があった。

一九四一年一二月八日、日本がアメリカに宣戦布告したことをもっとも喜んだのはチャーチルだったと断言していい。

歴史は正直だ。チャーチルは、ドイツ軍が無条件降伏をした直後に、保守党が総選挙で敗北し、首相の地位を失う。七一歳である。

戦争屋は平時には必要ない。これが国民の総意である。チャーチルがそのために戦った大英帝国はもうない。チャーチルにとっては苛酷な事実である。だが平和も国家も戦争屋によって保持された事実も残ったことを忘れてはならない。

19 梅棹忠夫――ノーベル賞二個分の「発明」を社会分野でおこなった知的生産の技術者

（うめさお　ただお　1920 - 2010）

1　文明の生態史観と情報社会論

村上春樹の片手はノーベル文学賞に届いているといわれ、内外の注目が集まっている。川端康成や大江健三郎が同章を受賞した意味とはおよそ異なった受賞理由になるだろう。村上＝世界標準文学、川端・大江＝特殊日本文学である。

ノーベル賞は物理学、化学、生理・医学、文学、平和といういまでは時代遅れの区分になった5つの部門（それにスウェーデン国立銀行賞である経済学）しかないから、社会科学分野や人間学（humanity）の分野は最初から除外されている。民俗学の柳田国男や人類学の今西錦司、文芸学の小西甚一がどれほど貴重な「発明・発見」をしても受賞対象にはならない。もっと大きなのは、日本の人間学や社会学は特殊すぎて世界標準（グローバルスタンダード）にならない、と西欧人が頭から決めてかかっているだけでなく、当の日本人が思いこんでいることにある。「科学」（sciences＝学問）とは西欧生まれで、それが日本に移植されたという考えがいまでも日本人に深く浸透している。

柳田は日本民俗学、今西は「日本サル学」、小西は「日本文芸学」を創始したが、それはそのままで世界標準となった。梅棹は二つの分野で世界標準の「発明」をしている。

一つは「文明の生態史観」である。ユーラシア大陸の西端、東端に位置する西欧文明と日本文明は似ており、平行関係にある。その原因は、ユーラシアを斜めに走る大乾燥地帯から出撃してくる遊牧民の暴力を、大陸の両端の西欧と日本は回避することができたからだとするものだ。大発明だ。

一九五七年に発表された「文明の生態史観序説」は唯物史観が支配する学界、世論のなかで、嘲笑と無視でもって迎えられたが、七〇年代には世界の常識となった。

二つは情報社会論である。農業社会、工業（産業）社会のあとに、物質的なものをなにも生産せずに、情報だけで経済活動が成立する社会が到来しつつあるというものだ。一九六三年に発表された「情報産業論」は、アメリカのロストウやダニエル・ベルより早かった。しかし日本人は、情報社会論でロストウ、ベル、そしてトフラーの名をあげるが、梅棹の仕事は忘れ去ってきた。

梅棹はそれなしには現代社会の理解が不可能になる現代文明の重大な二基本特徴を「発見＝発明」したのだ。

2　知的生産の技術と国立民族博物館

梅棹は京大理学部で今西錦司の「弟子」であった。だが同じ人類学といっても今西は動物学

（自然人類学）であり、梅棹は文化人類学へ転向する。その京大に人類学の講座がなかったのだ。この人類学講座を創ろうという運動を主導したのが梅棹で、この運動から一九七四年、万博跡地に創設された国立民族博物館（民博）が生まれ（発明され）たといっていい。梅棹が初代館長になった。

ただしバブル期ではない。民俗学＝人類学が日本で広く「公認」される以前である。政府や財界に巨額の金を出させなければならない。この人、一個の細胞から巨大な組織（生命）体を創り上げる創造的経営者であり、一国の首相をこなせるほどの才をもつ政治屋でもある。

しかし梅棹はなんといっても、知のクリエーターなのだ。それも知をまずは技術としてつかもうとする。技術とはなにか。没個性的で、誰でも、順序を踏んでトレーニングを積めば、かならず一定の水準に到達できる、という性質をもっている。客観的かつ普遍的で、公開可能なものだ。こう梅棹はいう。

つまり知の創造を天才や個性や神秘に基づけないことを『知的生産の技術』（1969年）で提唱したのだ。この本は、大学やジャーナリズムをはじめとする知的特権者の反感を買った。しかし超ロングセラーになった。なによりも読んで理解しやすく、応用が可能であった。広く日本人のなかに知＝技術という考えが浸透し、本格的なコンピュータ社会を切り開く先導役を担ったのである。私見ではこの本も「世界標準」の「発明」である。

この本をソフトウェアとするなら、世界の文明・情報の集積センターである民博はソフトとハードを兼ね備える「知的生産の巨大技術」といっていい。

3　探検家――山と都市と家庭と書物と

梅棹は京都一中から旧制三高（理科）に入学したが、「登山部」に入学したといっていい。三高では成績不良で退学寸前になるほどにまで登山に熱中した。登山熱は一九八六年に失明するまで続いたのである。

ただし大学入学後、登山は梅棹にとって学術探検になった。一九四一年のミクロネシアのボナペ島を皮切りに、満州北部の大興安嶺の探検、内モンゴルの張家口の西北研究所で、登山・探検・学術研究が、戦後の梅棹のフィールドワークの基礎トレーニングになった。

しかし「探検」は、危険が伴う人類未到の地や未開の地に限らない。広くは「ヨーロッパ」や「日本」も探検＝発見の対象であり、家庭も博物館づくりも未知との遭遇＝「探検」（フィールドワーク）であった。

しかし梅棹の大きなかずかずの成果＝栄光は、失墜＝悲惨と背中合わせであったことを忘れるべきではないだろう。

張家口が戦場になり、貴重な調査資料を抱えての脱出、帰国は、生と死、紙一重の差であった。また京大山岳会がはじめてヒマラヤ・マナスルを計画したとき、肺結核が見つかって、社会生活それ自体の断念の危機に陥った。「モゴール探検」をはじめとする探検家としての声価に比べ、学術研究者としての声価は高くはなかった。それが高まったのは、五〇代以降だったが、それでも民博館長としてのポストの威光に隠れていた。

最大の危機は六六歳で視力を失ったことである。普通なら、この時点で公的生活は終わり、私的生活も隠棲を余儀なくされるだろう。しかしここからが梅棹の梅棹たるゆえんである。小柄で痩身だが、どこからそのエネルギーが発せられるのかと思われるほど、公私にわたってその知的活動は旺盛だった。

その一大成果が『梅棹忠夫著作集』(全二三巻)である。人類学者や学術研究者だけでなく、年齢、職業、性別、人種を問わずに読んで理解でき、活用できる、文字通りの世界標準達成の論文であり、エッセイの集成である。そして二〇〇九年に『梅棹忠夫著作目録(1934-2008)』が増補・発刊された。著作目録だけで五五〇ページになんなんとする成果である。その梅棹忠夫が二〇一〇年七月三日に亡くなられた。九〇歳であった。

20 世阿彌──至高の美や芸に達しても、稽古《トレーニング》に終わりなどない

(ぜあみ 1363?-1443?)

三〇代のほとんどを三重は伊賀の南端、伊賀神戸で暮らした。僻村であったがまさに壺中の天

である。村から西方の峠とも思えるちょっとした丘を超えると開けた田畑の一角におよそ高さ三メートルを超える一本の太い角材に「観阿弥創座之地」という墨書された柱が立っていた。まわりになにもないただ存在するだけの素だが力強い気配があたりを圧していた。三〇年余前のことである。近辺は古墳が点在する美旗の丘陵地であった。

猿楽・能楽を開いた結崎座の父観阿彌の薫陶を受けた世阿彌は、一二歳で足利義満（一七歳）や関白二条良基にその才能を認められ、父の死（五二歳）で観世大夫（観世座長）を継ぎ、能楽という新しい芸能を開花する道に入った。まさにその才にふさわしい華々しいデビューである。英雄は凡才を圧して遙か彼方にある。だがこの超天才世阿彌がつねにわたしごとき凡才の道しるべとなったのである。その理由のいったんを示したい。

1　アートは技術だ――だれもが学んで活用可能だ

世阿彌は演能者（役者）であり、謡曲作者（作家）であり、かつ能芸論者（学者）である。そのいずれにおいても超一流であり、まさに世阿彌で能楽は完成したといわしむるにたる天才である。

ところが六〇〇年前を生きたこの超人の『風姿花伝』をはじめとする芸能論に記された言葉は、古典芸術（一流アート）であるのに、すこしも古くなくモダーンで、しかも万人が学んでどんな人生にも活かすことができる技術なのだ。ちなみに技術とはだれもが段階を踏んで学ぶことができ、活用できる方式のことである。眉に唾するだろうが、そうではない。『風姿花伝』の冒頭は、「一、この芸では、だいたい七歳を練習の初めとする。この年ごろの能の練習では、その子どもが、偶然にやりだすことの中に、きっと、どこか得意な行きかたがあるものだ。それは、舞や動作の中、あるいは謡、あるいは激しい演じかたなんかでもよいから、何でも何げなしに子どもがやりだすおもむきがあれば、それを、干渉せず、思いどおりやらせるがよろしい。そんなに善いだの悪いだのと、とやかく教えるのはいけない。あまりやかましく文句をいうと、子どもは意気込みがくじけて、能にいや気がさしてしまう。そんなことになると、それっきり能の進歩は止まってしまうものだ。」（小西甚一訳）である。

この言はとくに能という特殊な芸域に限らないだろう。つまり現代人でも多少の努力をすれば、能に対する特別の素養がなくても、読んで理解することができる。専門書としてではなく一般教養書として読むことができるのである。「こんなに現代的に読めるのは、どこか間違っているんじゃないか」という「不安」が生じるほどに、「具体的」で「わかりやすい」（山崎正和）といわれるゆえんである。

2　つねに「新人」として生きる気構えが必要だ

『風姿花伝』は人生論、仕事論として読むことができるといいたいのだ。

孔子は十有五（志学）、三十（而立）、四十（不惑）、五十（知天命）、六十（耳順）、七十（従

心所欲、不踰矩）といった。対して世阿彌は、十三ではじめ、二十五で「初心」、三十五で盛期を迎え、四十五で老練（後退）期に入り、五十以上は奥義（衰退）に達すると記す。学問と能楽との違いは多少あるが、ともに「稽古」（トレーニング）である。基本は同じだ。

率直にいえば孔子の精進方式が直線的なのに対し、世阿彌のは「一歩前進、二歩後退」の螺旋的である。それを示すのが有名な「初心忘れるべからず」である。

一般に、「初発の清新な志を忘れずに精進に励め」という意に解される。しかし十全ではない。二五〜三五歳、一通り芸をこなせるようになると一時的な「人気」に惑わされ、「初発時の芸のまずさを忘れ、天狗になって精進をおろそかにし、自分の進む道を誤ってしまう」。この時期をどのように過ごすかで、独り立ちできるかどうか、その後の人生行路が大きく変わるという意がまさに「初心」のエキスなのだ。

さらに特記すべきは「初心」が一時期のことに限られていないことである。

初心は『花伝』では二四、五に特定された一時期、まだ芸の完成していない若手を指す。ところが中期の作『花鏡』では「時々の初心」といわれるように、その時々（どんな時期）にも初心がある。過去の下手な時期を思い起こして精進に努めよ、その時々、いま現在に存在する未熟さを自覚し精進せよ、精進に終わりはないという意味合いに変わる。つまりは芸に完成などありえないということになるのだ。

さらに晩年の『九位』では、中級からはじめ、上級を完全に身につけたら下級（非風）に戻れという。一見すると混乱を来す主張だ。下級からはじめると下級（粗野）で終わる。これはわかる。中級＝基礎からはじめ、上級をマスターして自在の境地に入って終わりでなく、進んで下級に戻るがいいとは、ざっくりいえば、精進に終わりはないが、それは直進ではなく、中→上→下、中→上→下という螺旋状の精進が必要であるということだ。一歩前進二歩後退である。これならわたしの経験則にもかなっている。

3　難事においてこそ「仕事」で勝負する

それにしても世阿彌の人生行路は苛酷であった。

世阿彌は、父観阿彌とともに義満に見いだされ、その美貌とあいまって、舞に、作能に、能楽論にと才能を恣にした。しかし四〇代のなかばでこのパトロンを失い、次期将軍義持は増阿彌の田楽能を重用したのである。だが冷遇されたとはいえ世阿彌は研鑽をやめず、また長男元雅、次男元能というすぐれた伝承者を育てた。ところが新将軍義教は世阿彌の弟四郎の子音阿彌（元重）を寵愛し、世阿彌親子を窮地に追い込み、観世大夫も元重に継がせた。失意のうちに元雅は急死、元能は僧門に入って能楽を捨て、そして世阿彌は配流（罪状不明）となり、一家離散の憂き目にあった。

それでも世阿彌は能楽の研鑽をやめなかった。佐渡に流された事績をベースにした小謡『今春書』（三六年）を佐渡に書き残す。その作は悲惨さを沈痛な言葉で語るというより、自分の運命を客観視して描くことで運命に拮抗するという、淡々として悠然たるスタイルを保持している。

将軍義教が死去したのは一四四一年で、世阿彌はさらに二年余生き延びて、おそらく京都で没したかと思われる。その一生は世の流れに逆らわず、しかし個的には流れを超える壮絶な営みだったといっていい。

優れた才能の多くに共通するのは、独創と困難が表裏一体になっていることだ。若くして満天下にその天賦の才を知らしめる幸運にあい、独創の才を開花させたが、四〇代の後半に暗転、後半生を不運と失意と悲惨の連続で過ごしながら、いちども研鑽を積むことをやめず、最晩年に至るまで芸才の熟達に心身を砕いた世阿彌ほどの人を知らない。

21 サチェル・ペイジ――桁外れどころではない記録を残した史上最高の投手

(1906－82)

1 野球人最大の偉業をなしとげる

「偉業」(a great work) をなしとげた人を「偉人」(a great man) あるいは「英雄」(a hero) という。古今東西破られざる偉業はあるだろう。だが「記録」で表すことのできる類の偉業はそのほとんどが破られる運命にある。とくにスポーツがそうだ。達成当時の新記録がどれほど桁外れのものに見えても、ついに破られるときが来るのが「記録」というものだろう。イチローが長い歴史のある大リーグの記録をつぎつぎに塗り替えている。が、イチローが証明したのは、記録は塗り替えるためにこそある、あるいは記録は塗り替えられたときにこそ燦然と輝くということだ。

だが例外はある。サチェル・ペイジ、野球の投手である。生涯登板数二五〇〇試合、二〇〇〇勝以上、そのうち完封は三〇〇試合以上で、一九三四年は一〇五戦して一〇四勝であった。信じがたい記録である。ただし黒人リーグのことで、時代もずいぶん昔になる。なんだ大リーグのことではないのかといわないでほしい。古いといってもベーブ・ルースと同時代だ。それに一九四七年四二歳ではじめて大リーグに登場し、三カ月で六勝（一敗）してリーグ優勝に貢献している。大リーグを去ったのは六五年で五九歳であった。

こんな桁外れの選手をどうして大リーグが四〇を過ぎるまで放置していたのか？　人種差別のためだ。黒人選手が近代大リーグに登場したのは戦後のことで、その第一号がドジャースの、長嶋茂雄の憧れの人だったジャッキー・ロビンスンである。彼の大リーグ在籍は一七歳から四二歳までだった。サチェルが大リーグに登場したときの年齢で引退している。

また黒人リーグと侮るなかれ。戦前、黒人リーグと大（白人）リーグの実力、人気ともに拮抗していたのである。黒人ワールドシリーズもあったのだ。その実力伯仲のさまは、現在、大リーグで黒人選手を除くとどれくらい戦力が落ちるかで推測してみるといい。

2　「史上最高の投手」と謳われて

サチェル・ペイジは「史上最速投手」といわれる。その現役時代の記録は計測器がなかったのでもちろん残っていない。しかし「火の玉投手」といわれたボブ・フェラーは「サチェルの投げるボールがファストボールなら、俺の投げるボールはチェンジ・アップだよ」と証言している。時速一七〇km／h超と推定可能だ。だがボールの速さだけなら拮抗する投手はいるだろう。サチェルのすばらしさは針の穴を通すほどのコントロールにくわえ、どんな球種でも操ることができ、さらに上手、中手、下手投げを自在に駆使できたことである。まさに鬼に金棒の投手技術の持ち主なのだ。

大リーグのヒーローといえばベーブ・ルース（1895－1948）である。日本では長嶋茂雄だ。実力（記録）では二人よりすぐれた選手がいる。だが他を圧する「魅力」があり、なによりも抜群の「人気」があった。収入も桁外れである。

黒人リーグでこの二人に劣らないのがサチェルである。実力、魅力、人気、それに収入もトップであった。観客入場収入の一五パーセントの歩合を得ていたこともあったそうで、大リーグに招かれたとき、その収入が減ったといわれる。

その人気の秘密に、ショウマンシップ、観客を楽しませようとするサービス精神にあふれていたことをあげなければならない。一対〇、完封まじかの九回、わざと無死満塁にし、あとの三者を三振に切って取るという芸当を見せる。ときに外野手を引き揚げさせるということもあった。こんなハプニングで観客をはらはらさせ、しかもその期待を裏切らなかったのだから、球場がわかなかったはずはない。黒人リーグのボロ球場は、サチェルが登場すると長蛇の列になった。

この抜群の観客動員数のゆえに、シーズンオフには、たとえば「サチェル・ペイジ・オールスターズ」と銘打って、専用機をチャーターし、アメリカはもとより中南米を巡業してまわることもやってのけた。それに黒人リーグ時代のサチェルは大リーグと対抗試合をしてもけっして負けてはいなかった。サチェルが大リーグの選手でもっとも対戦を願ったのがベーブ・ルースである。そのチャンスは何度かあったが、ついに実現しなかった。サチェルが投げるとき、ベーブは欠場したからだ。

サチェルの名前が日本で知られるようになったのは、その死後、佐山和夫『史上最高の投手はだれか』（1984）で紹介されてからだ。一九九五年には自伝も邦訳されている。しかしこの野球殿堂入りした投手は今もって野球関係者も含めて、日本でほとんど知られてはいない。「野球、即、大リーグ」という定律があるからだ。

サチェルは野球で「アメリカンドリーム」を実現した。途方もない記録、人気、収入を獲得した。しかし大リーグではたいして活躍しなかった、活躍するには早く生まれすぎたという理由だけから、大リーグの歴史に名前が残らず、野球殿堂入りも変則形のものになった。人種差別という負の遺産のためだ。

3 浪費してもつきなかった才能

サチェルはモービル（アラバマ州）のスラムの貧しい家に生まれた。庭師の父は若くして死んだ。一二人兄弟の七番目のサチェルである。おきまりの悪童コースをたどり、一二歳で少年教護院（感化院）に放り込まれる。これが幸運に転じた。教え込まれたのが野球で、一七歳で出所して黒人のセミプロ球団に入団し、三〇勝一敗、すぐにエースになる。二六年チャタヌガのプロ球団を皮切りに本格的な野球人生がはじまった。月給五〇ドルである。すぐに二八年には他球団に引き抜かれ、月給二七五ドルに上がっている。

サチェルの長い野球人生を眺めると、驚愕すべきは、その試合数の多いことである。所属球団で投げただけではない。他球団に頼まれれば、ときには自分が促成チームを作って、アルバイトよろしく一日に三度も投げる。一〇〇勝以上あげた年もある。もうめちゃくちゃな酷使である。本人は「野球が楽しくてしょうがなかったからだ」というが、才能の浪費である。何のためか。ざっくりいえば金のためだ。その巨額な収入のほとんどを無計画な浪費のために雲散霧消していった。

サチェルの場合「試合」が練習であった。「成功は練習のたまもの」というが、サチェルの速球も、コントロールも、球種の多さも、「才能」のゆえと呼ぶしかない。しかもほとんどの才能が浪費で早く消えていくのに、酷使に酷使を重ねたにもかかわらず、一九歳で黒人リーグに入って二五〇〇試合に登場し、五九歳で大リーグの最後のマウンドを踏むことができたのだ。「世界最高齢の投手」であることは間違いない。

どんな浪費にも耐ええた才能、彼はそれほど豊かな野球才に恵まれていた。しかし本人には「永遠に続く」と思えた汲めどもつくせないほどの才能もいつかは枯れる。八二年に七八歳で病没するまでのほぼ二〇年間の晩年は楽でも楽しいものでもなかったようだ。

サチェルの不滅の大リーグ最高齢記録もいつかは破られる。その最初の一人はだれか？　興味津々である。そのときふたたびサチェルに脚光が投げかけられるだろう。

22 古田織部正――古田織部正とはどういう人物か。現代に何を投げかけるか

（ふるた　おりべのかみ　1544‐1615）

1　利休の町人茶に対して武人茶を確立した織部正

古田織部正が注目を集めている。といってもマンガによってだ。織部正を主人公にした山田芳裕『へうげもの』で、二〇〇五年『モーニング』（講談社）に登場し、二五冊が刊行されている。

なんだマンガかというなかれ。宮本武蔵のブーム再来はマンガ『バカボンド』が呼び、『サムライⅦ』は映画『七人の侍』を超える力作であった。『へうげもの』も織部正を取り巻く権力と芸術の絡み合いを織部個人史の歩みに即して見事に解いて見せようとする力作である。だがここではマンガのことではない。

日本の「伝統」文化という。とはいっても、そのほとんどは茶道、花道、舞踊、歌舞伎、能狂言、俳諧（俳句）、武芸、建築（城郭、書院造）、陶芸、儒学をはじめ、応仁の乱前後に端を発し、戦国期を経て確立されたものである。支那文化史研究の泰斗内藤湖南は日本の文化を知ろうと思えば、古代までさかのぼる必要なく、応仁の乱以降の歴史を繙けばよろしいと述べた。極言に見えて至言であろう。

応仁の乱以降、政治も文化もその担い手が完全に武士（と町人）に移った。その総仕上げであった信長・秀吉・家康三代にわたる天下統一事業（覇道）ともっとも密接に結びついた芸術が茶道であり、その確立者が信長の茶頭となった千利休（1523－91）である。信長は利休のわび茶を賞賛し茶道を武家のたしなみとして広めつつ、天下布武のため利休の茶道権威を大名支配の道具として徹底的に利用した。

芸術の権威を認め、かつ利用する政治支配をさらに徹底したのが、天下統一を果たした豊臣秀吉である。しかし秀吉は政治権力と文化権威をともに手中にしようとして、利休に死を賜った。同時に、利休＝町人の茶に対して武人の茶の確立をめざし、登用したのが利休の弟子であり武人

（三五〇〇〇石の大名）であった古田織部正である。その背後にあったのは、検地と刀狩りに象徴される士農工商という封建身分制度の確立である。

2　武人にして大茶人

では織部は茶頭の地位を得て御用文人よろしく振る舞ったのであろうか。然りかつ否である。たしかに、一見してわび茶（素朴で使用に便利で飽きが来ず調和がとれた美で、豪奢や名物を尊ぶ価値観を否定）である利休好みに対して、織部の茶は一見して派手かつ豪快で明るく大名好みの美を表現しようとする。じゃあ織部は利休の茶を否定したのか。そうではない。外観の違いに目を奪われてはならない。形にとらわれない自由闊達な創造こそ利休茶の精髄である。このエキスをもっとも強く受け継ぐのは織部以外にいない。

利休の自死の後、織部が秀吉の手で茶道頭になる。くわえて利休茶を改悪した。これが織部に対する千家等の後世評価が低い理由だ。しかし正鵠を射ているだろうか。

利休が秀吉に追放される。後難を恐れだれもが見送りを控えたなかで、織部と細川忠興の二人だけが密かに淀まで見送る。秀吉の勘気をおそれずにだ。織部が利休を尊崇敬愛することとりわけ深かったと見るべきだ。四八歳の織部である。二二歳の忠興の稚気とは異なっていた。

一五八五年、秀吉が関白に任じられた。織部も従五位下織部正を賜り、三五〇〇〇石の大名に列せられた。地位も所領もすべて秀吉から与えられたといっていい。だが内実はどうか。

古田織部正は、美濃生まれで、名は重然《しげなり》、通称佐介という。略称で古織、古佐と呼ばれた。古織はその父とともに茶人として知られるが、主は武人で、茶はあくまでも従であった。はじめ信長に仕え、二六歳で摂津茨木城主中川清秀の妹と結婚したのが武功を上げる因となった。摂津池田城主荒木村重の反逆に同調した清秀の説得に、もし古織が成功しなかったら、信長の播磨さらに中国経略は潰えていたかもしれない。信長に随伴し、秀吉に追随して奔命し、かずかずの難所を切り抜けるも、大名になったのが四二歳である。親子ほどに年の違う加藤清正、福島政則はおろか石田三成と比べてもはるかに低い地位に甘んじてきたといわなければならない。どうしてか。推し量るに、古織に独立不羈の気色が見られたからではないだろうか。その不羈は茶人（芸術家）魂から来るのか、武人魂から来るのか弁別が難しい。その両方から来るというのがわたしの見立てである。

これを古織本人から見れば、武人にも徹底できず、茶道に命を賭けるわけにもいかない、中途半端なありようとして、忸怩《じくじ》たるものがあったという推測も成り立つ。だが同じ利休の弟子でも、（有職故事の第一人者細川幽斎の子）細川忠興のように大大名にならず、（信長の子）織田有楽斎のように数寄一筋に生きることもなかった古織の、他者には見られない独自性といってもいいだろう。

3　家康暗殺計画という珍事で名声が消える

織部好みの特徴は残存する織部焼きを見るとよくわかる。利休好みに見られない特徴が全部出ている。利休を受け継ぎ、まったく別なものを創造するという独立不羈の精神に満ちあふれた陶器群だ。

利休が秀吉から死を賜った因は、町人茶を排斥するという意図のほかに、秀吉好みに利休が同調しなかったからである。政治権力に芸術権威が暗々裏に楯突いた結果である。

同じようなことが古田織部正にも起こった。

古織と家康・秀忠の茶を介した関係は浅くない。利休がそうであったように、大名をはじめとする全国の有力者と茶を介する一大ネットワークがおのずとできあがった。関ヶ原以降、古織は二代将軍秀忠の茶頭になる。ところが一六一五年、大阪夏の陣直後に、古織は豊臣方に内通し、家康暗殺計画に加担したと死罪を申しつけられ、自刃して果てたのである。七二歳のことだ。

発端は、方広寺大仏殿の鐘銘に「国家安康」（家康を分断したと難癖をつけられた）を草し、大坂冬の陣の直因を作ったとされる清韓和尚を古織が茶に招いて、家康の怒りに触れたことにある。また夏の陣で古田家の家老が豊臣方（秀頼の側近に古織の子がいた）に内通し、京に火を放ち、家康・秀忠を京大坂のあいだに挟み撃ちにして殺すといううきわめて杜撰な計画が摘発された。古織がこれに加担し同調した証拠はなかったが、申し開きをすることなく切腹し、古織家も、織部茶道も断絶したのである。

この家康暗殺計画をでっち上げに過ぎないと断定することはできない。だが千軍万馬の古織である。このとき家康を暗殺しなければならない必然があったろうか。成功の見込みのない杜撰な計画である。だがこの事件で古田織部正の武門はもとより茶道の誉れは地に落ち、草に埋もれてしまった。長いあいだ織部焼がわずかにその名をとどめたに過ぎない。

23 アリストテレス――独自の学問を創建し、政治から距離をおいた、学の英雄

(前385(4?)-322)

1 ギリシア哲学の完成者

世に哲学者は掃いて捨てるほどいる。しかし古代ギリシア哲学の創始者プラトンとその完成者アリストテレス、近代哲学の創始者デカルトとその完成者ヘーゲル、四名を除くことはできない。逆にいえば、現在のような哲学研究者(専門家)にだけわかる一種奇形な哲学を創始し、展開し、流通させたプラトン他三名の哲学者を、哲学世界から「追放」しないかぎり、哲学の生き生きとした創生はありえない、という意見も生まれた。

いずれにしろ、アリストテレスはヘーゲルとともに壮大な「哲学体系」、いってみれば哲学の「大聖堂」（ドウモ）を打ち建てた大巨人である。どんなに素晴らしい栄光の日々を送ったかと想像されるかもしれない。

アリストテレスは一七歳の時六〇歳のプラトンのアカデメイア（学園）に入った。そのプラトンもまた二〇歳の時六〇歳のソクラテスの弟子になっている。どの時代でも「青年は哲学にあこがれる」といえるのだろう。しかし、当時（から一九世紀まで）、「哲学《フィロソフィー》」とは「知を愛する」（フィロ＝愛、ソフィー＝知）という原義通り、「学問」（サイエンスイズ＝諸科学）の総称であった。プラトンのアカデメイアの門には「幾何学を知らないものは入るべからず」と記されていた。哲学は学問の王だったのだ。

プラトンは政治に絶望して哲学に転向した。そのプラトンが「哲人政治」を提唱し、何度か実際に政治指導を試みては無惨な結果を残した。対して、アリストテレスは、ギリシア北部のマケドニア王国の王の侍医を父とし、王の孫でのちにアレクサンドロス大王になる王子の家庭教師を七年務めたが、政治に対してはきわめて冷静で慎重な態度をとった。

2　生物学をモデルに哲学を構築

アリストテレスはプラトン哲学を継承、発展させる。もちろん二人には「わずか」だが違いがある。ざっくりいえば、プラトンが「数学」（幾何学）をモデルに学の体系を立てたのに対し、アリストテレスが「生物学」をモデルに学の体系を立てたからである。

どんなに完璧をめざして描く三角形でも不完全を免れない。では完全な三角形はないのか。ある。観念《イデア》としての三角形だ。イデアが真で、個々の現実は偽である。真と偽とのあいだに「通路」はない。これが数学をモデルにしたプラトンのイデア論である。

対して、アリストテレスは師のイデア論を継承するが、生命体（人間）のイデア（生魂）は、生命体を構成している非生命体（物体）や低次の生命体（動植物）の魂《アニマ》と連続しており、それらの「本質」に他ならない。本質と個々の現象のあいだには「通路」がある。こう考える。

このわずかな違いが、のちに決定的な違いになる。プラトンのイデア論は、のちにキリスト教の哲学（神学）に援用された。創造者の神（絶対真＝超越者）と被造物の人間や諸物のあいだには通路はない、被造物は神の厳命と救済を受け入れる他ない。

対してアリストテレスの学説では、神＝絶対者と被造物だが神の精神（生魂）を分有している人間とのあいだには、わずかだが細い道に至る門が開かれているということになる。人間の努力が、狭き門を通り、救済へと至るわずかなチャンスを生むということだ。

アリストテレスの著作も学説も、神の絶対超越性を主張するローマ・カトリックとそれを支えたローマ帝国世界から消され、長い間、異端の学とされた。哲学者ウンベルト・エコーのベストセラー、ショーン・コネリー主演で映画化された『薔薇の名前』は、禁書となったアリストテレスの著作をめぐる殺人事件とその解明をめざす、一三世紀を舞台とした驚嘆すべき哲学ミステリである。

3　政治と学問の距離のとりかたの難しさ

民主都市国家アテネにとって、北の王国マケドニアは二重の意味で「異物」であった。一つは、ギリシアの精神的軍事的要であったアテネが、マケドニアの父王とその子アレクサンドロスによって軍事的に二度も制圧されたことだ。二つは、ギリシア全土の輿望を担って蛮族《ペルシャ》の東征に向かったアレクサンドロスのマケドニアは、アテネにとってはギリシアに属するものの、北の「蛮族」であった。

そのマケドニアからアテネに留学し、師のプラトンをもしのぐ知力を発揮するアリストテレスが、かのアレクサンドロスの学師なのである。しかもことあるごとに大王はアリストテレスにエールを送ってくる。

プラトンは八〇歳でなくなり、学園は甥が継ぐ。アリストテレスはアテネを離れる（離れざるをえなくなる）。請われてアレクサンドロスの家庭教師になるのも、この時期である。父王の暗殺後、アレクサンドロスが二〇歳で王位に就くと、アリストテレスはマケドニアを離れ、アテネに戻り、自分の学園を開く。すでに五〇代に入っていた。ここで学問的に実りある一〇年間を過ごすが、紀元前三二三年、アレクサンドロス大王が遠征先のペルシャで急死するに及んで、アテネに反マケドニア運動が起こり、その煽りを食らってアリストテレスは「瀆神罪」で告発され、ふたたびアテネを去らなければならなくなる。翌年、胃病に苦しめられる中、ようやく母の母国にたどり着くが、享年六二、客死に等しい死であった。

歴史に「イフ」はない。しかしあえてアリストテレスが師のプラトンのように「政治」好きであったら、その生涯はいかばかりだったろうか。マケドニアとその国王父子の支援を背景に、学都アテネの知的中心人物となり、プラトンの学園をも凌駕する学の殿堂を創建し、著作集の完成に傾注しつつ、プラトン学派に替わってアリストテレス学統を世に残し、キリスト教神学の下支えとなったにちがいない。

しかし、十字軍の遠征で東方に赴いた人々が、そこでアリストテレスの著作を発見し、持ち帰り、異端を怖れずに新しい哲学や神学の創生へと向かう「奇蹟」も生まれなかったにちがいない。人間と神のあいだに連続性を見いだそうとした、あの「ルネッサンス」（人間復興）運動も起こらなかったかもしれない。

24 長谷川平蔵――「鬼の平蔵」と「仏の平蔵」を二つながらに生き抜く

（はせがわ　へいぞう　1745‐95）

1　史実と小説のあいだ

長谷川平蔵は、池波正太郎の時代小説『鬼平犯科帳』であまりにも有名であり、中村吉右衛門がTVドラマで演じる男の魅力満載の鬼平でお茶の間でも毎度おなじみである。それに、今日では歴史上の人物であったことでもよく知られるようになった。

しかし小説は、どんなにリアルであっても、あくまで池波正太郎の創作である。歴史上の平蔵と、小説やTV上の平蔵とは異なる。最も異なる点は、①小説ではほとんど語られることのない長谷川家の家系、②池波が「本所の鐵」という若き日の平蔵の無頼の生活の原因、③小説やTVにはついに登場しない人足寄場創設者としての平蔵の姿である。

長谷川家は三河以来の直参旗本である。本家の禄高は一七五〇石の大身であり、分家も三＋一あるが、平蔵はその一つを継いで、四〇〇石を禄した。

長谷川家の出世頭は本家の七代目正直である。係累ではじめて武官で最高位である御先手弓組頭（将軍親衛隊長）・火付盗賊改という要職を担った。ついで、分家で平蔵の父の宣雄が、火付盗賊改をへて京都町奉行に抜擢されたことを特筆大書すべきだろう。平蔵宣以《のぶため》の息子、ＴＶでおなじみの辰蔵宣義も御先手弓頭を拝命している。

父宣雄は部屋住だった。だが六代目の兄が若死のため、兄の遺言によって、五代目の娘が養女となり、その婿養子となって家を継いだのである。能吏の誉れ高かったが、御書院番をつとめているとき行儀見習いをかねて手伝いに来ていた娘とのあいだに平蔵ができた。宣雄と妻女のあいだには子がなく、五歳時には妻女が亡くなっている。義母にいじめ抜かれた平蔵（鐵三郎）が家を飛び出し、無頼の生活に走った、というのは池波の脚色だろう。

実相は、義母が、なさぬ仲の女が産んだ平蔵を家に入れるのを拒んだため、実母の実家で育った市井の自由さが、その後も忘れられず、青年期まで市井の仲間とのつきあいが続いたと見るべきだろう。なお、平蔵の実母は小説では巣鴨の大庄屋の出といわれるが、じつは九十九里浜の山辺郡出らしい。

2　三八歳で出世コースに

平蔵はいってみれば遅咲きである。継嗣なのに、将軍への初御目見得（家督相続有資格者認定式）が二三歳だから、ずいぶん遅かった。それも単独御目見得ではなく、その他大勢と一緒で肩身も狭かったようだが、身から出た錆らしい。学問にも武芸にも不熱心で、「本所の鐵」の異名をとった生活が災いしたようである。父親の歯ぎしりが目に浮かぶ。

ところが二八歳の時、父が京都町奉行を拝命して八カ月で急死し、家督を継いだ平蔵は、翌年、西の丸御書院番となってから、生活が一変する。田沼政権下である。雌伏一〇年というが、人間観察眼も深くなり、人間関係術にも長じるようになったのか、三八歳で西の丸御書院番のトップ、御徒頭に任じられ、六〇〇石の役料をいただき、禄高一〇〇〇石、出世コースに乗ったのである。異例の出世スピードといっていい。そして四一歳で、番方（武官＝軍）の最高位である御先手弓頭に栄進し、亡き父のランクに追いついたことになる。この昇進の一月後に田沼意次が失脚するのだ。時代の大転換期である。しかし本領発揮はじつに田沼政権以降のことである。

翌年五月、江戸開闢以来といわれた江戸中の米屋が襲われた「天明の打ち毀し」騒動が勃発し、平蔵は暴徒鎮圧になみなみならぬ手腕を発揮したことで注目された。翌六月、松平定信が老中に就いた。そして九月、平蔵が火付盗賊改を拝命する。四二歳であった。

3　火付盗賊改の在職最長記録保持者「いま大岡」

火付盗賊改は享保年間に（統廃合の上）創設され、先手組頭から選ばれる慣わしであった。したがって平蔵は先手頭との兼務（加役）である。この最初の役は、半年で解かれるが、半年後に再任され、五〇歳で亡くなるまで続き、在職最長記録保持者となった。

町奉行といえば、大岡越前守が有名である。そのお白州裁きで名奉行の名をほしいままにしたといわれるが、ほとんどすべては創作で、判決言い渡しはわずか一件だけということで、裁判官というよりは、都市整備計画を含む能吏の行政官であった。

火付盗賊改長官長谷川平蔵は、「いま大岡」とうたわれたほどの人気者となった。小説の中だけではない。

従来、火付盗賊改は市井はおろか、幕府内でもすこぶる評判が悪かった。窃盗・強盗・放火などの捜査権を持ってはいたが、独立した裁判権はほとんど認められておらず、敲《たた》き刑以上の刑罰に問うべき容疑者の裁定に際しては老中の裁可を仰ぐ必要があった。ところが、『鬼平犯科帳』でも明らかなように、刃向かうものは切り捨て自由、悲惨な拷問もあえてする、というのが実状だった。だが平蔵は、父宣雄と同じように、詮議を慎重に進め、老中にその都度裁可を仰ぐのに手を尽くしている。

平蔵の名を高からしめたのは、なんといっても、凶悪事件をつぎつぎに解決した見事な捕縛手腕である。TVドラマのように、一週間に一度の事件解決とはいかないが、これには池波の小説と引けを取らないといっていいだろう。関東一円からその近国まで、数一〇〇カ所の村々を襲った進藤徳次郎、一夜のうちに数軒を襲ってつぎつぎに急ぎ働きを働く葵小僧、新稲小僧、等々、死罪を言い渡す事件を矢継ぎ早に解決している。

平蔵の強みは、市井の言語、風俗、人間関係《ネットワーク》をよくよく知っていたことだろう。この点、生粋の直参旗本とはちがう。小説でおなじみの元盗賊を手先に使うことにも長じていたのだ。

4 石川島人足寄場

以上は武官としての平蔵である。もう一人の平蔵がいる。石川島人足寄場を創設した平蔵である。

江戸は生地と生業を離れた無宿・無頼の吹きだまりである。従来「溜」と呼ばれた無宿対策事業があった。しかしそれは、非人に落として賤業につかせるという非道なものであった。田沼時代に無宿養育所が発足したが、収容者が大量病死・逃亡して瓦解した。

天明の大飢饉と自然災害、打ち毀しを目前に出発した松平定信は、寛政の改革の目玉として、大量発生する無宿・無頼対策の新事業の起案を求めた。しかしだれも手を挙げない。そんななかで、佐渡の水替人足制や深川無宿養育所に替わる「寄場起立」の上申書を提出したのが平蔵であった。彼の案が通り、石川島に人足寄場が創設され、平蔵が初代人足寄場取扱（奉行）を命じられた。これは一種の半徒刑場であり、同時に職業訓練所である。一定期間島内に居住せしめ、自立するにたる手業を身につけさせる、ということだ。

しかしこのほぼ二〇〇～三〇〇人収容の寄場は資金難で何度も暗礁に乗り上げそうになった。平蔵は、あらゆる手を使って、自力更生を図りつつ、資金調達のために「銭買い」相場で財テクを試みるなどもしている。ようやく事業が軌道に乗った発足二年後、平蔵はこの職を解任される。寄場は、町奉行管轄で、父と同じように、平蔵も独立した町奉行になる望みを持っていたが、その夢は断たれた。しかし、この寄せ場は幕末を生き延び、日本の近代的徒刑場の雛形になったといっていい。寄場には、平蔵のもうひとつの顔、行政官が息づいている。「仏の平蔵」というゆえんだ。

25 アンドリュー・カーネギー――産業革命と南北戦争が生んだ鉄鋼王・慈善王

(1835-1919)

1 産業革命の陰と光

二人のカーネギーがいる。ひとりは鉄鋼王といわれ、引退後は慈善事業に奔命したアンドリュー、すなわち本稿の主人公である。いまひとりはアンドリューよりほぼ半世紀後に生まれた、実践的なヒューマン・コミュニケーション論で、いまなお読まれ続けている超ロングセラー『人を動かす』『道は開ける』等の著者で知られるデールである。

もうひとつアンドリューとの対比で記憶しておいていいことがある。彼は坂本龍馬と同じ年に生まれている。ということは福沢諭吉とも同じ歳だということになる。この米日の三人は南北戦争を、明治維新をはさんで活躍したのだ。

カーネギーはアメリカ生まれではない。スコットランドの王都エジンバラの北西に位置するダンファームリンで生まれた。この町は麻織物で栄え、アンドリューの父も手織工で小規模の手織機を有していた。アンドリューは名前と「アヒルをみな白鳥にする」楽天的な性格とを祖父から受け継いだ。仕事は下請けである。もし蒸気機関の出現と改良がなかったら、カーネギー家はこの町にずっと根を下ろしていただろう。アメリカ産業人の理想型とみなされている、勤勉（インダストリー＝産業）・成功（サクセス）・慈善（チャリティ）を生きた男は生まれなかっただろう。

だがそうはならなかった。家計が破滅した一家四人は、母親の二人の妹を頼ってアメリカのピッツバーグに移住することに決める。だが家財道具を売り払っても旅費の半分しかまかなえなかった。半分は借金をして新大陸に出発したのだった。アンドリュー一三歳の時だ。アンドリューの一〇代は（一家あげて爪に火を灯すようにして）この借金を返すために費やされたといっていい。

この少年は、みずからすすんで、学校にもいかず、仕事を見つけ、貧しい家計の助けをする。糸巻き、釜焚き、兼勘定書きは汗と油にまみれで、辛く安い。電報配達夫ではじめて「道」が開ける。兼事務、兼通信技手補、そしてついに一七歳で一日一ドルの通信技手になった。彼を買ってくれる人が現れ、新興産業のペンシルバニア鉄道の事務員兼通信技手になって「成功」のレールが敷かれる。アダムス運送会社の株（五〇〇ドル）に投資して、初めて配当金を手にする幸運にであう。ペン鉄道の本社に異動して二年、ついにピッツバーグ管区の主任に昇格、年収一五〇〇ドルである。二四歳、順風満帆である。

2 戦争の中の産業人

もし産業革命の波にカーネギー一家が呑み込まれなかったなら、アンドリューは一度スコットランドの都になったこともある古い教会のある町で平穏な日々を送っていたことだろう。もしアメリカで一家四人、死にものぐるいで働かなかったなら、アンドリューが電報配達員に採用されなかったなら、この一家は貧困の海で溺死していただろう。そしてアンドリューに幸運を運んできたのが南北戦争（1861-65）である。

戦争は補給（ロジスティック　兵站）が勝負を決める。戦争はカーネギーを首都ワシントンに送り、政府の鉄道運輸と電信事務を担当させ、鉄道部隊を組織させたのだ。カーネギーは補給の中心に身をおいたのである。戦争の激化と鉄道の重要度の拡大は鉄、鉄道レールの高騰を生む。カーネギーはレール会社を手はじめに、機関車製造所、鉄橋製造会社、油田会社等々をつぎつぎに創立、買収してゆく。そしてこれらの事業に集中するため、ついにペン鉄道から身を引くときが来た。一九六五年、アメリカに渡ってわずか一七年、三〇歳である。

南北戦争で北軍が勝利し、南北「統一」はなった。新アメリカは、英仏の従属のくびきを断って、政治と経済それに文化の独立＝自立をはたすべきときがやってきたのである。アメリカ政府は外国資本や製品に頼らない「自立」国になるべく決意をする。関税自主権の確立であり、保護貿易による国内産業の育成である。その産業の中心になるのがまだ揺籃期にあった鉄鋼業であるとみたカーネギーは事業を鉄鋼業に集中してゆく。

一八六五年、ピッツバーグに製鉄所を開始し、七三年、ホームステッドに鉄鋼会社を設立する。若いアメリカが欧州から自立し、発展していく姿と、カーネギーが産業で成功を収めていく姿がぴったりと肩を寄せ合っていった。まさに「鉄は国家なり」であった。

もちろんカーネギーは戦争屋ではない。製鋼業での成功は、イギリスから新技術をいち早く導入した結果である。一八九九年、八つの鋼鉄会社を集中して、カーネギー・スチール・カンパニーを創設し、鉄鋼業のトップに立った。

3　慈善事業

日本人のわたしたちでさえ「カーネギー」という名はなじみ深い。ニューヨークのミッドタウンのランドマーク的存在である「カーネギーホール」であり、教育・研究振興基金を管理、執行する「カーネギー財団」である。この財源はカーネギーの寄付ではじまった。

カーネギーがあまたの産業人と異なるのは、一九〇一年、その絶頂期に、カーネギー鉄鋼会社をそっくり売却して、完全に事業から引退したことだ。日本では渋沢栄一が「完全引退」の例に挙げられるが、少々あやしい。カーネギーは文字通り完全引退である。売却先は金融資本家のジョン・モルガン、売却額は五億ドルであった。（一ドル一円としても桁外れの額だ。同時期の日清戦争以前、日本の国家予算は一億円を超えていない。）

カーネギーは鉄鋼事業に心血を注いだが、それでえた益金を慈善事業に全力で投じた。最初は鉄鋼従業員の老後の年金支給に四〇〇万ドルを投じた。それが鉄道恩給基金に広がる。祖国スコットランドの大学奨学基金も忘れなかった。以上は「報恩」である。

またニューヨークの公共図書館（八八の分室）の設立からはじまり、ワシントンにカーネギー協会を設立し、二五〇〇万ドルの基金を投じて、科学、文学、美術等の分野のすぐれた功績、才能を顕彰する。特徴的なのは、善行基金（五〇〇万ドル）で、善行によって亡くなった人の遺族を援助する。これは英仏独伊をはじめヨーロッパ中に拡大する。面白いのは、単科大学等の（給与の安い）老齢教授を救済する年金基金で、これが広がってカーネギー教育振興財団（一五〇〇万ドル）になっていく。その投じた総額はおよそ三億五〇〇〇万ドルにのぼるといわれている。空前絶後ではあるまいか。

カーネギーは貧困を憎む。だが無条件の貧困救済を有害とみなす。自助努力を促すとともに、寄付者は寄付が有効に使われることに責任を持つべきだと考え、実行した。「与えるのはもらうより楽しい」これがカーネギー一家の身上、とりわけ母の人生訓であった。残すためではなく、与えるためにインダストリーに心身を尽くした人生こそカーネギーのものである。およそ昨今目に余る「（～して）くれない」病とは逆である。

Ⅳ

プルタルコス『英雄伝』の人間哲学に学ぶ

1　プルタルコス（46／48〜127）『英雄伝』とはどういう書物か

△「人間」＝「人生と社会」に役立つ読書

楽しみのほかにやや多くの利益のまじっている読書、それによって自分の思想と性格を規制することを学ぶ読書、そういう読書に役立つ書物とは、プルタルコスとセネカである。（中略）プルタルコスはどこでも自由である。セネカは警句と名言に満ちており、プルタルコスは事実に満ちている。前者は人を刺激し、興奮させる。後者はそれ以上に人を満足させ、よりよい報いを与える。プルタルコスはわれわれを導き、セネカはわれわれを駆り立てる。（モンテーニュ『エセー』）

ルネサンスは「文芸復興」と訳されるが、ヘレニズム文化、古代ギリシア・ローマ文化の復興の意である。古代と近代の橋わたしをすべく、美術はダ・ビンチ、思想はマキアベリ（『君主論』）、文学はダンテ（『神曲』）等が活躍した。だが古代と近代との距離はまだはるか遠かった。

ヨーロッパ近代の文化は、その学問、芸術、政治等々の起源（故郷）が古代ギリシア・ローマにある、とことあるごとに主張してきた。じじつ、ヨーロッパは古代ギリシアとローマをモデルに見事な近代文化を築きあげた。

だがヨーロッパ近代はギリシア・ローマ古代と陸続きだったのではない。ルネサンスは失われた「古代古典」の復興だが、自国に根づいていたものの「再掘」や「復活」ではなく、異郷からの「移植」なのだ。膨大な移植の努力によって、ギリシア・ローマ古代を土台にしてあたかもヨーロッパ近代（建築）がそびえ立ったかの観がしているのだ。

古代文化、ギリシア・ローマの文芸を総ざらいするような形で紹介し、解説したのがモンテーニュの『エセー』（随想録）である。一言でいえば、ギリシア・ローマの哲学（学問）、歴史、文学、政治等にかんする膨大な抜き書きと、それに対する著者のコメント（注釈）からなる書物なのだ。これ一冊読めばギリシア・ローマ人が考えたこと（思想）のアウトラインがわかるといっていい。大げさにいえば、ヨーロッパの教養人たちは『エセー』によってギリシア・ローマ文学・哲学を知ることになったといっていい。

この古代文芸伝道師たる著者モンテーニュがもっとも強く影響を受けたのが、プルタルコスの二冊の著作、『英雄伝』（対比列伝）と『モラリア』（倫理論集）であり、セネカの『倫理論集』と『倫理書簡集』である。モンテーニュが二人のうちいずれを好ましく思ったかは、上記引用文で明らかだろう。

プルタルコスは近代ヨーロッパの入り口で読者に絶大な支持を得た。シェークスピアの史劇（『ジュルアス・シーザー』等）は『英雄伝』抜きには書かれなかったといっていい。ところがプルタルコスはこれまで哲学でも文学でも三流と評され、不当に遇されてきた。

名のみ高い主著『英雄伝』は、偉人の功績を賛美する伝記というよりも、大冊『倫理論集』と同じように「人間研究」である。理想や正義を高唱する人間よりも、個性豊かな困難に打ち勝つリーダーの行動解明をめざしている。

本章は彼の人間探求のエキスを示し、激動のなかで混迷する現在を「いかに生くべきか」を問い、その答えのいったんをローマの賢人プルタルコスから学ぼうとする。乞うご期待。

2 国家の創建者の命運——テセウスとロムルスの事業と資質

△テセウスはアッテカに住んでいた人々を、全部に共通の利益のために呼び集めて一つの町に集住させ、一つの国家の一つの民衆《デーモス》とした。平民や貧民はただちに彼の訴えを受け入れた。有力者たちには王のいない国制と民主制を約束した。(「テセウス」)
△ロムルスは戦闘で敵の軍隊を打ち破り、その都を占領した。しかし捕虜には害を加えず、彼らの家を壊すだけで、ローマまで連れてきて、平等の条件で市民になることを命じた。(「ロムルス」)

テセウスはギリシア(アテネ)の、ロムルスはローマの建国者である。わが日本の建国者である神武と同じように伝説に包まれた偉人だ。テセウスは非アテネ人、その名にちなんでローマと名付けられたといわれるロムルスは羊飼いの頭目のごとき存在で、二人とも正式に結婚しなかった親から生まれたことが、神から生まれたという伝説を生んだ。一つの国家・共同体ができるには、特別に強烈な超絶力が必要であることの証左だろう。神武にも神から生まれ、ヤマトに入って建国したという東征伝説がある。

二人は激しい戦いを勝ち抜いた武人である。とくにテセウスは戦いの連続で、クレタ島のミノタウロス（半獣半人の怪物）を成敗した勇者といわれる。だが離合集散していた人々を一つの国家に集結することができたのは、二人に武力とともに、人々に共通の利益、平等の資格、民族協和を訴え、実現する政治統合力があったからだ。

一つの国家・一つの民族を生み出すのには、内部的な結合力だけでなく、外部的因子を必要とする。テセウスはアマゾネスをはじめ各地の女たちを、ロムルスはエトルリアの未婚の女たちを文字通り略奪し、新しい血を流入する。注目すべきはロムルスの場合で、獲得した女たちを奴隷扱いせず、ローマ男と正式に結婚させたことだ。この略奪で、ローマとエトルリアの戦いが生じた。略取された女たちが、あい戦う自分たちの親（エトルリア人）と夫（ローマ人）の間に割って入って調停を訴え、両国が停戦するだけでなく合同する契機を作ったのである。

ローマは中北部のエトルリアと南部のギリシアの植民地にはさまれた、不毛の緩衝地帯にあった。ギリシアの衰退と、エトルリアとの合同を契機にローマが一大帝国へと成長してゆく歴史経緯は学ぶにたるものである。征服した民に「平等な市民」になる権利を与えたことが最大の要因だろう。

しかし建国者といえども、否、建国者だからこそ、民主を拡張すれば民主に倒され、権力を集中して独裁者になれば暗殺されることを免れえない。テセウスが民主によってアテネを追われて「亡命」先で殺され、ロムルスはローマに自由と平和と豊かさをもたらしたが、長くトップの地位に留まって独裁者になり、市民や元老院の嫉妬や反感を買い、ある日突然煙のようにこの地上から消えてしまった。これを政治家の悲劇と見なすのか、政治の必然と見なすのかは意見の分かれるところだろう。

ローマ人でギリシア教養を身につけた著者プルタルコスは、略奪結婚を繰り返すテセウスよりも、厳正な結婚を自分にも市民にも要求したロムルスを評価する。市民の財とともに妻も盗まない。これがトップのモラルであるというのだ。

3 アレクサンドロス——「わたしには希望がある」アレクサンドロス大王、父の遺志を継いで東方遠征

（前356-前323）

（インドに向かう途次、マケドニア軍の多くが厭戦気分に陥った。）アレクサンドロスは歩兵二

万、騎兵三万の最精鋭を前に、説く。「いま蛮族どもを前にして、もしマケドニア人がアジアをひっかきまわしただけで撤退するなら、彼らはマケドニア人を女のようだと考え、ただちに襲撃してくるだろう。しかし去りたいものは去れ。だが自分はマケドニア人のために世界を征服しているのにここに置き去りにされるが、友と志のあるものとともに遠征すると誓ったのである。」

アレクサンドロスは「ゴー、ゴー、ゴー」の軍神とでもいうべき武の人である。ギリシアを制圧した父王が暗殺され、二〇歳で即位、国内外の反乱や抵抗に出会う。しかし妥協・譲歩策はとらず、反対派を除き、反乱軍を撃破し、二二歳で、父王の遺志を継いで東方遠征に旅立つ。壮途だ。だが、一見して無謀な試みであった。準備不足だったからだ。歩兵三〜四万、騎兵四〜五千で、五〇万とも百万ともいわれる大ペルシア軍に戦を挑まなければならない。まさに蛮勇である。だがこんな逸話がある。

勇将父王のたびかさなる戦勝にも喜ばず、「父はなんでも皆先に取ってしまわれる。私が君たちとしようと思う、大きな立派な仕事はなにも残してくれない。」というのだ。「ライバルは父」であった。その父が立派な仕事＝東方遠征を残してくれた。

アレクサンドロスは仁ある知（謀）の人でもあった。準備不足のまま遠征を前にして、王室財産をすべて分与し、自分には東方征伐という「希望」以外はいらない、と吐露し、近臣の多くと「希望」を分かち合って、戦意を高めたのである。

父王から受け継いだのは、富、贅沢、享楽のある支配でなく、戦闘、戦争、名誉心のある支配であった。その父王が一流の家庭教師を大王に与える。なかにギリシア哲学の完成者といわれるアリストテレスもいた。遠征中、大王はしばしば先生の著作をひもとき、遠くから助言を求めている。

「勝って、与える」これが大王の戦術である。略奪だ。だが敗北者にも分かつ。これが遠征地支配の原則である。わずか数年で、エジプトを、ギリシアにとっての仇敵大国ペルシアを支配下におくことができた最大の理由だろう。

だが勝利につぐ勝利で、おのずと軍規が緩む。それに兵士と将官とをとわず、「大勝利」のまま故国に帰りたい、という望郷、帰郷の念が募る。中央アジアからインドに侵入し、強力な敵に対面するが、大王の最大敵は、自軍の厭戦気分にあった。

くわえて大王の唯一の悪癖とでもいうべき、酒癖が災いする。酔いは自慢話をまき散らし、お追従を呼び、直言する人を遠ざけ、殺傷に及ぶことたびたびになる。側近から離心者が増える。そしてインドの暑さと疫病が、ついにインダス渡河を断念させた。その退却中、疫病と飢えで四分の三の兵士を失い、ペルシアに戻って陣容を立て直そうとしたが、酒宴中に倒れ、一〇日間高熱を出し、三三歳の生涯を終えた。毒殺説もある。（なおアレクサンドロスは英語でアレキサンダー、ペルシア語でイスカンダルである。）

4 カエサル——最も困難であると思える道を進みなさい。勝利はあなたのものだ

（前100 - 前44）

（最大の敵との最後の決戦の直前、窮地に追い込まれたなかで、）カエサルは吉凶が見えるか、と占卜者にたずねた。かれは、三日のうちに決戦が行われ、勝敗が決まるであろうと告げ、「あなたご自身の胸に手を当ててごらんなさい。神々は、現在の状態と真逆の方に大きく変化、変転するといっています。今あなたがうまくいっているとお考えでしたら、運が悪くなることを予想しなければなりません。うまくいっていないとお考えなら、運の良くなることをご期待なさい」と答えた。

カエサルは、独語でカイザー（＝皇帝）だが、ローマの終身独裁者《ディクタトゥル》の称号を得ながら、ついに民会や元老院を超絶した「皇帝」になる望みを実現することが出来なかった。もとより英雄には、アレクサンドロスや、モンゴルのチンギス・ハーン、それにナポレオンといるが、カエサルが一頭地を抜いていたのではなかろうか。

プルタルコスの語るところ、カエサルの一生は戦いの連続であり、その勝利はつねに薄氷を踏むものばかりであった。だが不利であればあるほど勝利の女神はカエサルとともにあるのだった。

ローマに永遠の平和と安定と富裕をもたらしたかに見えたカエサルが、常々「思いがけない死、突然の死がいい」と語ったように、権力の絶頂で、最も目をかけていたブルートゥス（たち）の奸計によって、衆人環視の中で暗殺される。ところが悲劇の英雄とはみなされていない。「ブルートゥス、おまえもか」と記したシェークスピアの『ジュリアス・シーザー』も四大悲劇のなかに数え入れられていない。

カエサルはかずかずの不利な戦いで勝利した。奇蹟ではない。部下とつねに行軍をともにし、夜露の下で仮眠を取るというように、労苦を分かったからだ。苦戦の時はみずから敵陣へ飛び込み、部下への恩賞は借金をしても大盤振る舞し、捕虜には寛大であったからだ。かくしてローマとローマ人に平和を、莫大な財を、そして栄誉をもたらす。ローマ史のなかで最大の功労者、ローマ人に最も愛された男であったのも当然であった。

ローマ人はこの英雄にローマ人として最高の栄誉、二人目の終身独裁者の位を贈る。しかしただ一つ、カエサルに、カエサルが望む位、初めての皇帝を授けることを首肯しなかった。なぜか。

プルタルコスはカエサルを偉大な人物に描きながら、身にあまる野望を抱いたと見なしている。ローマ市民は民主制を、ローマ貴族は元老院を否定する野望をカエサルに見、それを許そうとしなかった、と後世の史家も、そしてプルタルコスも語っている。はたしてそうなのか。

「すでに賽は投げられた」はあまりにも有名なカエサルの言である。ガリア総督解任、（武装解除して）ローマ帰還命令を無視して、国境のルビコン川を渡河し、ローマに進軍し、凱旋したカエサルなのだ。「皇帝位を！」とあからさまに公言し、実現できなかったわけではなかろう。だがカエサルは躊躇し、初の皇位へと「賽」を投げなかった。それかあらぬか、カエサルの姪の息子で養子のアウグストゥスがローマ帝国を創設し、すんなりと初代皇帝になる。「はじめはすべて困難である」が、カエサルの野望を遮ったといっていい。

5 アルキビアデス――人誑しの策謀家

（前450頃 - 前404）

アルキビアデスの豊かな天分の一つは人の心をとりこにしてしまう手管であった。彼はカメレオンよりもすばやく姿を変えることができ、他の人の慣わしとか、暮らしっぷりとかに、すぐさま、同じ気持ちになって、とけ込んでゆけた。しかもカメレオンですら白一色だけにはどうしても肌の色を変えられないといわれているのに、彼ときたら、善悪いずれの人と交わっても、およそ自分の真似のできぬことや、ぴったりはまり込めないといったことなどは、なにひとつとしてなかった。

わが国では風見鶏と同じようにカメレオンは蔑称である。風見鶏は大勢順応、カメレオンは変節の譬えだ。だが風見鶏もカメレオンも臨機応変《アド・ホック》を意味する。このカメレオン、アテネの英雄アルキビアデスにピッタリの譬えといっていい。

彼は家柄と富と武勇、そのうえ美貌を兼ね備え、アテネのトップに挑む野心家でもあった。普通、こういう若者は、甘やかされ、増上慢に陥り、自堕落の道にはまりこんでしまうものである。ところが哲人ソクラテスがこの少年を愛し、彼の天性の美質を育み、彼に最強の敵さえをも蕩《とろ》けさすほどの弁舌を与えた。まさに鬼に金棒とはこのことで、若くして政界に身を投じた彼は、またたくまにその美貌と雄弁力でアテネ市民を魅了した。

ギリシアは都市国家連合で、民主アテネと君主スパルタが覇を争っていた。アルキビアデスは、愛国心を煽り立て、民主アテネがギリシアの盟主になる大義を掲げて対スパルタ開戦に成功する。だが彼の名声を妬む政敵たちは、船団を率いてアテネを離れた彼を瀆神不敬の罪（冤罪）に問い、欠席裁判で死刑判決にする。名望家がもっとも警戒しなければならないのが「嫉妬」なのだ。だがアルキビアデスはひるまない。仰天の行に打って出た。

昨日の敵は今日の友である。彼はスパルタに走り、昨日まで配下だったアテネ遠征軍を敗走させる。だがスパルタ軍で勢力を張った彼は、またも嫉妬とスパイ嫌疑で刺殺の的になった。彼は再度身を翻し、ギリシアの敵ペルシアの総督を籠絡する。カメレオンである。

アルキビアデスを売国奴に追いやった民主国アテネは寡頭制に転落し、自由は封殺された。民主派は彼に召還の密使を送るが、彼は愛国者のカメレオンである。内乱とその隙を突くスパルタの侵攻を恐れ、召還に応じない。彼はアテネとスパルタが激突したとき、艦隊とともに帰国し、敵艦隊を敗走させ、アテネに凱旋する。だが再度彼の勝利と名声を憎む政敵たちの策謀にはまり、軍を去る。彼を失ったアテネ軍は戦いに敗れ、スパルタの属国になり、彼は再度ペルシアに身をゆだねた。しかし彼の生あるかぎり、スパルタも彼の政敵たちも枕を高くして眠ることができない。アルキビアデスに刺客が放たれ、波瀾万丈の生涯が終わった。

「もしも自分自身の名声に食われて破滅してしまう人がいるとしたら、それは、誰にもましてアルキビアデスその人だろう。」とプルタルコスは記す。策謀のかぎりを尽くしてペルシアからアテネを、スパルタからアテネを救った英雄は、名声を憎む嫉妬に敗れ、国を失ったのだ。

6 キケロ──智慧と正義の人

（マルクス・トゥッリウス・キケロ　前106‐前43）

〈ある人間の気質をもっとも端的に見せてくれ、またその気質を試すのに最適と思われるものは、権力と権威だといわれる。……キケロはローマにおいて名目上は執政官に任命されていたが、実際には最高司令官と独裁官の実権を受けてカティリーナ一味〔クーデタ陰謀派〕に立ち向かった時、「偉大な力と智慧が、ある幸運によって正義と結びついて一つになる時、国はその不幸が終

るのを見る」というプラトンが予言した言葉を実証した。〉

キケロは古代ローマの全盛期、カエサルとともにもっとも有名な人で、その智慧と弁舌と文才ではカエサルさえをもしのぐ人物として、この日本でもよく知られている。ところが一五〇年ほど遅く生まれたこの『英雄伝』の著者で同じ哲学者のプルタルコスには、かならずしも良き模範とすべき先達と映っていない。理由がある。

一。『英雄伝』は政治と軍事それに金銭問題と男女関係の「エピソード」を素材にしていて、文才とか哲学を主たる話題にしているわけではない。

キケロは雄弁であり政治駆け引きに長じていた。だがその最大欠点は、自分を高とする名誉欲が強いあまり、相手の低さを際だたせる辛らつな皮肉で、敵ばかりでなく味方からも反感を買い、何度も失脚の憂き目にあった。ただ金銭問題では清廉で、彼が元老院や民会の支持を得た理由である。これがプルタルコスのキケロに対する人物資質評価だ。

二。金力と武力にものをいわすことをしない（できない）キケロは、智慧（雄弁）と正義（清廉）を武器に政治的成功（名誉欲）をえようとして、常に「中間者」のごとく振る舞わなければならなかった。

ときは、クラッスス、ポンペイウス、カエサルの三巨頭政治期に当たっていた。三人ともキケロの才能と評判を頼りにしたが、キケロが立場を鮮明にしなかったので、かれに「不信」を抱いた。誰か一人につくなどはキケロの自尊心が許さなかったのである。

カエサルが暗殺されたとき、キケロはブルートゥスの陰謀に賛成したが加担せず、陰謀の嫌疑を逃れるためにカエサルの甥（家督を継いでカエサル、のちに初代皇帝アウグストゥス）の支持をえてアントニウスに対立し、すぐに甥のカエサルに見捨てられ、ローマを逃れたブルートゥスのもとに走る途次、アントニウスが放った暗殺者によって虐殺された。六四歳であった。共和主義者キケロは、カエサルの独裁を怖れて、甥のアウグストゥスの独裁制に導いたといえる。

ただし著者はキケロの政治家としての独自な長所を見のがしていない。職人たちは生命をもたない道具や装置を用いるが、それらの物の名前、場所、性能などを承知している。ところが政治は生きた人間を通じてはじめて可能なのに、政治家は人間（市民）を識る努力をなおざりにしている。これは恥ずかしい。こうキケロは考え、ひとりひとりの住むところ、その財産、その交際関係等々を詳しく知るように心がけて、政治に生かした。

キケロもプルタルコスも人間の本性（自然）の上に哲学を築こうとした。ただしキケロの度外れた自尊心がその哲学をしばしば裏切った。こういっていいだろう。

7 テミストクレス——知略勇猛の人

（前528頃‐462頃）

アテネ市民はマラトンでペルシア軍を破ったことで、戦勝祝いに浮かれ、これで戦争は終結すると思っていた。ところが一人テミストクレスは、物思いに沈み込み、夜も目が冴え、眠ることが出来ない。

この勝利がもっと大きな戦争の序幕にすぎない、それに備えるべきだと考えたからだ。彼はやがて来たるべき命運をはるか以前からいち早く見通し、みずからギリシア全体のために全力を尽くし、アテネ市民たちにも試練を強いるのであった。

アテネはギリシアではスパルタと覇を競っている。だがギリシアは二度にわたって東の大国ペルシアに攻め込まれた。二度目はかろうじてマラトン（マラソン）の戦でペルシア陸軍を撃退することができたが、ペルシア大海軍は無傷のまま温存された。ペルシアが三度目、大海軍を前面に押し出し遠征してきたら、ギリシアは抗するいとまがない。これがテミストクレスの予測である。テミストクレスのいうとおり、ペルシアの大軍を防ぐためには大海軍を建造し、海戦を制するしかない。しかし勝利に浮かれた市民（アテネ国民）は彼の大海軍建造計画に耳を貸さない。

アテネは海外貿易で競争関係にある隣国エギナ島の軍艦に悩まされてきた。その対策には海軍の大拡張が必要である。こう主張し、国家の大計に関心を示さない市民を目先の利害で釣り上げようとする。

正義と清廉の人アリスティデスに市民の信望が集まっている。その彼が海軍増強計画に反対なのだ。だが信望が大きければ嫉妬もまた大きい。これが人間の心理である。嫉妬心を利用して、テミストクレスはまんまと政敵を「貝殻追放*」で追い落とし、アテネ海軍大改造計画を実現する。予想にたがわず、ペルシア軍が大挙海上から襲い来る。彼はひるむアテネ海軍の先頭に立ち、機略知謀を駆使して、ペルシア軍をついにサラミスの海戦で敗走させた。かくしてギリシアに君臨する不沈空母、海上国家アテネが生まれたのだ。

しかしアテネに君臨するテミストクレスが、市民の嫉妬を買い、かつてアリスティデスに仕組んだ「貝殻追放」で国外追放され、さらに死刑の判決を受ける。もはやギリシアに彼の身のおきどころはない。指名手配を逃れ逃れて、ついに彼は最大敵国ペルシアに身を投じ、その保護をこう羽目に陥る。幸運にもペルシアは彼を歓待してくれた。だが、ギリシアがペルシアに侵攻すると、祖国と保護国のいずれかに加担することを避けるため、自死して果てたのである。政治と軍事に奔命した人生に終止符が打たれた。

六五歳であった。

若き日、テミストクレスの父は、海浜に打ち棄てられたままの大型船を指さしていったそうだ。「政治指導者の末路もあれと同じで、用ずみともなれば民衆に捨てられて果てるのだ」

戦時国難のときそのあふれるほどの知略と果断で国を救ったテミストクレスであった。だが平和になると、一転、その知略と行動力が嫉妬と不安の種になり、用ずみとなる。まさに父親の予言通りであった。だが彼は祖国を愛していた。アテネに憎悪を燃やすことは出来なかったのである。

＊「貝殻追放」＝追放したい人の名前を貝殻に書き、投票し、最も数の多かった人を国外追放する政治システム。

8 ブルートゥス――「ブルートゥス、おまえもか」

（マルクス・ユニウス・ブルートゥス　前85‐前42）

カエサルは他の相手に対しては抵抗して防戦し、あちこちと身をかわしながら、助けを求め、大声を上げていたが、ブルートゥスが剣を引き抜いたのを見ると、頭から上衣を引きかぶり、ポンペウスの像が建っている台座にむかって倒れた。（カエサル伝）

＊「ブルートゥスは私がしわくちゃになるまで待ってくれるだろう」（カエサル）

＊「お前は眠っているのか」＊「おまえはブルートゥスではない」（反カエサル派の投書）
＊「ブルートゥス、お前の悪霊だ。まもなくフィリッピーで会おう」（悪霊）

あの有名な、暗殺者・裏切り者に対して投げかける科白《せりふ》、「ブルータス、おまえもか」は『英雄伝』にはない。シェイクスピアの「創作」である。カエサルはブルートゥスが剣を抜くのを見るや、抵抗をやめた、という客観描写が『英雄伝』のものだ。

ブルートゥスは「大義」の人だ。ローマ民主制を踏みにじるカエサルの独裁、皇帝位への野望を憎む。紀元前六世紀末、ローマの王制を廃止し、共和制を打ち建て、最初の執政官になった先祖のブルートゥスの血を引き、それを誇りにしている。だからローマ共和制の主柱である元老院（議会）の権威を守るため、この権威を無視するカエサル追放に賛成し、カエサルがローマに凱旋するや、反カエサルのポンペウス軍に身を投じたのだ。

そんなブルートゥスを許し、第一法務官の地位に就け、自分の後継者にと引き立てるカエサルのブルートゥスにたいする信頼は厚い。恩義を忘れる恥知らずではないと公言する（＊「ブルートゥスは……待ってくれるだろう」）。

このブルートゥスに、反独裁・反カエサルへの決起をうながしたのが、第二法務官のカッシウスである。出世頭のブルートゥスへの嫉妬心を隠しつつ、ブルートゥスの躊躇心を衝き（＊「お前は眠っているのか」）、先祖の名誉を汚すのかと功名心を煽り（＊「おまえはブルートゥスではない」）、巧妙にカエサル暗殺に誘い込む。カッシウスは根っからの陰謀家だ。信望がない。暗殺成功とその後の人心掌握のために、貴族や民衆に信望あるブルートゥスを「旗頭」に仕立てたいのだ。

ついにブルートゥスが陰謀団に加わり、暗殺は決行される。『英雄伝』はブルートゥスの暗殺にたいする直後の「弁明」が不発に終わり、翌日に「演説は行われた」と記すだけだ。「共和制か、独裁制か」をテーマに、大義が恩義を圧したのだ、と「暗殺」を自己弁明した、火のでるようなような演説も、シェークスピアの創作である。

〈この者〔ブルートゥス〕は彼らの中で最も高貴なローマ人であった／他の者は偉大なカエサルへの憎悪から暗殺に加わったが／この者だけが共和国のため、そして己の善意のために行動を起こしたのだ／彼の人生は常に穏やかで、全てが調和していた／世界の誰もが彼の生き様にこう言う事だろう／「彼こそは真の男であった！」〉（シェイクスピア『ジュリウス・シーザー』）

だが「暗殺者」の命運は暗い。カッシウスはカエサル暗殺に用いた剣で自刃し、ブルートゥスは敗走中、何度も「自分」の悪霊に悩まされ、最後はこの悪霊を刺すがごとく自らの胸を刺し貫いてはてた（そうだ）。

＊『英雄伝』には独立の「ブルートゥス伝」はない。

9 デモステネス――雄弁のみで全ギリシアを糾合する

（前384頃‐前322）

デモステネスの政治活動の最終目標は、全ギリシアをその膝下におこうとするマケドニア王フィリポスに対抗して論陣を張ることにあった。敵を論駁する演説と歯に衣を着せぬ態度はギリシアで声望を高めるとともに、ペルシア王にも賞賛された。マケドニアでも民衆指導者のなかでもっとも評価が高かった。論敵でさえ彼との論争が名声ある者を相手にしていると認めたほどである。

デモステネスはギリシアの、キケロはローマの最大雄弁家と目されている。ただしキケロは生まれながらの弁舌の天才だったが、デモステネスの雄弁術は、言論戦で連敗した恥辱をそそぐために、一人黙々と練習に励んだすえに獲得されたものである。彼は、自宅にしつらえた稽古場に籠もり、自ら頭の半分を丸刈りにし、さぼって外出するのを禁じたほどだった。それほどに自由ギリシアで弁舌が、人々を、一国を、否、世界を動かすにたる力をもっていた。

紀元前四世紀、アテネをはじめギリシアの都市国家は、北方の雄マケドニアに自由と独立を侵されつつあった。とくに後のアレクサンドロス大王の父フィリポス二世の果断さが脅威の的であった。そのフィリポスがもっとも怖れたのはデモステネスで、彼が反マケドニアの論陣を張り、結束力と中心を失って力を弱めているギリシア都市国家を糾合することにあった。

もう一つフィリポスが怖れたのは、デモステネスの清廉潔白さである。ほとんどの雄弁家（政治家）が賄賂と脅迫で籠絡できるのに、彼を金や地位でなびかせることが出来なかった。逆にフィリポスが軍事力でデモステネスとアテネを脅かしたとき、彼は雄弁一つで、反マケドニア軍事同盟を結成させ、フィリポスを慄然とさせる。

しかし弁舌と清廉の士デモステネスは、武勇の士からほど遠く、戦場でその片鱗も示すことが出来なかった。いったん戦いが不利になれば、反撃する気力を失い、真っ先に逃亡した。それでもマケドニアの支配下に落ちたアテネ市民は、自由と独立のため、彼の弁舌力に期待し続けた。そして勝利に酔うフィリッポスが一刺客の手に落ちる。

ふたたびデモステネスの弁舌が反マケドニア同盟を結成させた。デモステネスの大誤算は父の跡を継いだ若いアレクサンドロスを「愚かな小僧っ子」とみなしたことだ。だがアレクサンドロスこそ、あっというまにアテネを消沈させ、全ギリシアを扼し、大遠征を果たした、まさに戦いの申し子とでもいうべき存在であった。

かくしてアテネの自由独立の志気は消え、デモステネスの影も薄れた。だがアレクサンドロスが遠征先で急死したのだ。ふたたびデモステネスの雄弁が復活する。しかしその雄弁はみたび軍門に下り、逃亡先で毒を呑んで自死して果てた。彼の自戒は「政治家の道を選ぶべからず」であったといわれる。しかしアテネ市民はこの大雄弁家の銅像を建て、その碑に刻んだ。「デモステネスよ、君がその知力にふさわしい武勇をもっていたら、マケドニアのアーレス〔アレクサンドロスの後継者〕がギリシアを支配することはなかっただろう。」

10 アントニウス——大英雄になれない理由

（前83？‐前30）

クレオパトラは、アントニウスがほとんど兵隊風で、下品だと見抜くと、この男に容赦なく、あけすけな態度を取った。彼女の美は決して比類のない、見る人々を深くとらえるというほどのものでなかったが、彼女との交際は逃れようのない魅力があった。その容姿が人々を一瞬で射るのは、説得力ある会話とまわりを恍惚とさせる雰囲気があるからで、その声には甘さが漂い、その言葉は多弦楽器のようにどんな言語にもやすやすと切り替わることができた。

アントニウスは、風貌体躯は剛勇ヘラクレスの再来とみなされ、戦闘力はカエサルの勇敢さと不屈さを継ぎ、カエサルを暗殺したブルートゥス等をローマから追い刺殺し、カエサル亡き後その甥カエサル（後のアウグストゥス皇帝）とともにローマ政治を二分した不世出の英雄である。

しかも名誉を重んじ、信義に厚く、部下に信頼され、温情心に富んでいた。

アントニウスは名門の出ではなかったが、母がカエサルの一門につながり、政治的野心を抱いて弁論・演説術に磨きをかけたが、元来は軍人である。三頭政治時代、カエサルが強大な勢力を手中にしたのを怖れた政敵の策略で追放の憂き目にあうや、カエサル軍に身を投じ、ローマに凱旋して独裁官となったカエサルに次ぐ実質第二位の地位（騎馬長官）に登った。

しかしアントニウスには治療不能な欠陥があった。女と酒と浪費に溺れる性癖である。若き日、これで父から勘当を食らい、何度も仲間からさえ見放されて政治失脚の危機に陥り、ついには「異国」で自滅して果てたのである。アントニウスが、アレクサンドロスやカエサルにはるかに及ばない、凡庸な軍人・政治家とみなされた原因である。

しかしカエサルの助言もあって、アントニウスは愚行や放蕩を断ち切るために、着実な結婚生活を決意する。ところが妻が家政には関心のない「支配者を支配し、指揮官を指揮する」女傑アルフィアで、夫を女に従順な男に飼育し、アントニウスがクレオパトラの操作に簡単にはまってしまう因を作った。アルフィアは夫を奪還すべくエジプトに向かったが、途次で病没する。

二度目の妻は、アントニウスとことごとく対立するカエサル2世が大切にする異母姉オクタウィアで、「女の奇蹟」といわれる賢婦人である。彼女は、ふたたび愛人に溺れた夫をみかぎらず、先妻の子を引き取り、自分の子とともに慈しみ、カエサルの許しを得て、エジプトからアントニウスを連れ戻し、弟と和解させる旅に出る。しかし人柄と品位にまさり、カエサルの威光が加わると、操縦権を完全にオクタウィアに奪われることを怖れたクレオパトラは、あらゆる手練手管を使ってアントニウスを離さず、オクタウィアは空しくローマに帰還せざるをえなかった。

かくしてカエサルは、恋人に現をぬかし、賢婦人の姉の真心を侮辱したアントニウスに宣戦布告をし、海戦で大勝利を収め、アントニウスを自死に追い詰め、叔父カエサルが望んでえることのできなかったローマ皇帝の位に座った。

11 クレオパトラ——「傾城《けいせい》の美女」の野望 （前70／69?‐前30）

クレオパトラは腹心一人を伴って、夜陰にまぎれてカエサルのいる王宮に船をつけ、人目を忍ぶために寝具袋に身を隠し、カエサルの前に運び入れられた。カエサルがこの女性の虜になったのは、蠱惑的な姿で現れるという策術に幻惑され、彼女の魅力的な才知あふれる応対に兜を脱ぐ他なかったからであった。カエサルはすぐに弟王と彼女を和解させ、王位を共有するように命じた。そしてこの和解の宴が盛大に催されたときである。密かにカエサル暗殺の謀略が張りめぐらされた。

クレオパトラとカエサルの出会いは前四八年、彼女が二〇歳を少し過ぎていた。「クレオパトラの鼻がもう少しひく（みじか）かったら、歴史が変わっていた」は、フランスの哲学者パスカルの言葉だ。たしかにカエサルとアントニウスがクレオパトラに惑わされなかったなら、二人の運命も歴史も変わっていただろう。

プルタルコスは、クレオパトラを「絶世の美女」とは記さない。たしかに彼女は英雄二人にとって「傾城の美女」となった。だが英雄を翻弄する「美女」とは、むかしから「美形」だけでは不十分。そうじて相手を恍惚とさせる雰囲気（ムード）つくりが絶妙で、才知と潤いにあふれる会話に長けている女のことだ。まさにクレオパトラである。

カエサルが、異国の王クレオパトラの「色香」に惑わされたことは、ローマ人にとっては不興、カエサルにとっては不名誉なことであった。カエサルがすんでのところで本能寺の変の信長と同じように、落命寸前だったからだ。

カエサルの圧力によって結ばれた弟王とクレオパトラの「和解」は、王だけでなく、エジプト国の重臣や将軍たちの憤激を買った。密かにこの和解の宴を利用して、少数の兵しかともなわずに王宮入りした無警戒なカエサル暗殺の舞台が整えられたのである。だがたまたまカエサルつきの理髪師の早耳に陰謀の気配が引っかかった。カエサルの対応はすばやかったが、多勢に無勢である。しかも水路を断たれ、味方の戦艦との連絡が塞がれた。やむをえず王宮に火を放って一難を避けた。だがあの七〇万巻を蔵するといわれたアレクサンドリア大図書館が延焼する。カエサル自身は小舟で逃走するも、追跡急のため単身海に飛び込み、急追を漸くかわし、九死に一生をえる。クレオパトラは、まさにローマの存亡のかかる英雄の一命を危うくする「傾城の美女」であったのだ。

『英雄伝』の主人公は英傑で、女傑は男の助力者にすぎない。だがクレオパトラは若くして父王や弟たち、さらには妹ともエジプト王位を競う知略に通じた女傑である。前四六年、カエサルの後ろ盾をえて弟や妹を追い落とした彼女は、カエサルとの子カエサリオンをともなってローマを訪れる。嫡子のいないカエサルの後継者にと願ってだ。彼女はローマ帝国の支配者の母になる野望を抱いていたのだ。しかし彼女の宿願は、前四四年、カエサルの暗殺によって途絶えた。カエサルの遺書が後継を甥のオクタヴィアヌスに託したからで、空しくローマをひっそりとあとにする。

12 ソクラテス　プラトン　アリストテレス——哲学と政治の関係

アルキビアデスは、〔その若さの輝きによって、〕人生の初っぱなから、彼をよろこばせようとお世辞たらたらの連中にふやかされてしまい、彼を教え、いさめてくれるような人の言葉は、ぴしゃりと聞こえないようにされていたにもかかわらず、そのすぐれた天性によってソクラテスという人間の値うちを見つけだし、これに慕いよってゆくとともに、アルキビアデスにおもいをこがす金持ちや名士連中などは、そばに寄せつけなくなった。

プラトニック・ラブという言葉がある。ルネサンス期にはじめて使われるようになった異性間における精神的愛のことだ。もとはプラトンが『饗宴』や『アルキビアデス』に書いたような、ソクラテスとアルキビアデスのあいだの、同性愛のことである。

獅子鼻の肥満体で醜男のソクラテスは、その知徳と剛毅によって若者キラーとなった。彼より二〇歳若い、あふれるばかりの美貌とアテネ史最大の知略と政略をもつ政治家になるアルキビアデスの愛を勝ち取り、その教師となり、武勇でもこの弟子を助けた。哲学者プルタルコスの著作にギリシアの哲人たちとその著作がしばしば登場する。

プラトンは二〇歳のとき、老ソクラテスに魅了され、弟子になる。このプラトンに一七歳のアリストテレスが入門する。このアリストテレスがプラトンの死後、母国マケドニアのアレクサンドロス王子の家庭教師になった。若者を魅了する哲学と政治の密な関係だ。

だが「正（義）は力」の政治と「知は力」の哲学との関係はむずかしい。アテネ最大の政治家の教師であったソクラテスと、マケドニアさらにはギリシア最大の政治家の教師であるアリストテレスは、「権力」に慎重な態度を取る。対して、真理に身を捧げるプラトンはそのめざす哲人政治の実践に熱中し、二度も惨めな失敗を経験する。

しかし運命は皮肉だ。ソクラテスはアテネの神々を冒瀆し若者を堕落させたという罪状で告発され、死刑判決を受けた。この冤罪には裏の理由があった。アルキビアデスはアテネをスパルタやペルシャの侵略から救ったが、同時に策略をろうしすぎて売国奴として葬り去られ、反アルキビアデス派の恨みがその師にまでおよんだのだ。またアリストテレスは、弟子のアレクサンドロス大王が全ギリシアの覇権を握るや、「属国」アテネに反マケドニア気運が高まり、大王の急逝でついにアテネから退出のやむなきにいたり、故国は母の生家で客死のうきめにあった。しかもその膨大かつ貴重な著作は長く散逸した。対してプラトンは、師のソクラテスを葬ったアテネ民主制を徹底糾弾し、学園アカデメイアの声望を高め、天寿を全うした。書きながら死ぬ幸運にあい、著作のほとんどが残された。ソクラテス、プラトン、アリストテレスという古代哲学の完成期に活躍した三人は、好むと好まぬとにかかわらず、めまぐるしく転換する政治の渦中に巻き込まれたのだ。

アルキビアデス　四五〇年頃～四〇四年　五四歳
ソクラテス　四七〇／六九～三九九　七〇歳
プラトン　四二七～三四七　八〇歳
アリストテレス　三八四～三二二　六二歳
アレクサンドロス大王　三五六～三二三　二七歳（すべて紀元前）

13　ポンペイウス——大衆迎合（ポピュリズム）と独裁

（前106・前48）

元老院よりも民衆の側に立ち、地に落ちた護民官の権威の復活を認めて大衆に媚びを売る、という欠点がポンペイウスに見えた。というのも、ローマの民衆は何はさておいても護民官*権力こそ取り戻したいと狂わんばかりに求め、それを憧憬の的としていたからだ。ポンペイウスもここに政界進出のチャンスを見いだし、ぜひにもこのチャンスをものにしようと考えていた。もし他に先んじられれば、市民の支援に報いる証を示すことはできなかっただろう。

＊護民官　民会から選ばれた10人からなり、元老院の決定に拒否権をもつ。

ギリシア最大の英雄アレクサンドロスの最大の敵は自分自身であり、ローマ最大の英雄カエサルの最大の敵手はポンペイウスであった。

軍人ポンペイウスは、若くして、独裁官《ディクタトゥル》スッラの麾下で数々の武功をあげ、スッラの死後、反乱軍をイスパニアで掃討し、奴隷反乱を鎮圧、前七〇年、圧倒的な軍事力を背景に、異例の若さ三五歳で執政官《コンスル》に選ばれた。元老院（貴族議会）は軍人を警戒した。剣で政治が左右されるからで、政治家は軍を「解散」してイタリアに入らなければならないとした。ポンペイウスを牽制するために、クラッススを執政官に選んだ理由でもある。

独裁官を夢見るポンペイウスに好機到来。前六七年、民会と元老院が彼に地中海沿岸で略奪と侵略を繰り返す海賊掃討の「大権」を与えたからだ。海賊の跳梁跋扈に茫然自失の中、ポンペイウスは起ってわずか三カ月で海賊を壊滅させ、全地中海沿岸を平定し、余勢を駆って、アレクサンドロス大王さながら、アジア征服に臨み、ローマに広大な植民地と莫大な財貨をもたらした。彼はローマの第一人者になる。

だが権力の集中と私物化は、民衆・民会の中に不満と反抗をつのらせ、元老院とクラックス派の反撃を呼び込んだ。ポンペイウスは属州総督として力をつけてきたカエサルと手を結んで彼を執政官に推薦し、ここにクラックスと元老院を牽制する三頭政治が出現する。

ポンペイウスがカエサルと異なったのは、属州（任地）に赴かず、そこで軍を扶養しなかったことだ。ポンペイウスはカエサルを「友好」と「法令」によって支配できると考えた。だがカエサルは軍事力を背景にローマ政治に介入する。元老院は、カエサル（軍）反乱の危険をポンペイウスに訴え、軍備を整えることを警告したが、「私が召集の号令をかければ、たちどころに万余の歩兵、騎兵が躍り出る」と豪語するのだった。

カエサルが、政界復帰か属州総督任期の延長か、を迫ったところ、ポンペイウスと元老院は、任期を終え、軍を解散し、ローマに戻れと命じた。かつてポンペイウスはイタリア北辺の国境線に当たるルビコン川に軍をとどめて執政官の地位を強要し、元老院にしぶしぶ認めさせたが、カエサルには認めない。カエサルはルビコン川を越えて自軍を進め、反乱軍になるも、ローマにこの反乱に備える軍はなく、ポンペイウスは元老院議員とともにローマを離れた。カエサルの無血入城である。かくして、ローマ帝国を二分する「内乱」が勃発する、ポンペイウスは絶対有利な海軍力を生かすことなく敗走し、エジプトで刺殺されて果てた。

14 クラッスス——金権政治家の末路

（マルクス・クラッスス　前115 - 前53）

ローマの人たちは、クラッススの数多い長所を、富に対する欲望というただ一つの欠点が覆い隠したという。しかし彼のなかにあるあらゆる欠点のうちで最も強力なひとつが、他のもろもろの欠点を影の薄いものにしたように見える。……その資産の大部分は、悪口をおそれずに真実を語るならば、火事と戦争で集めたものである。

マルクス・クラッススはローマ共和国の三頭政治の一角を占めたことで有名な英雄政治家である。だが他の二人ポンペイウスやカエサルより年長にもかかわらず、一段と影の薄い存在とみなされた。なぜか。その蓄財の才が、政治や軍事の才を凌駕したからである。（ちなみに〇七年

『フォーブス』誌はクラッススを人類史上ベスト7の富豪にランクした。）

たしかにクラッススは、ローマを震撼させた剣奴スパルタクスの反乱を鎮圧した武功で、ポンペイウスとともに執政官に選ばれた。しかし政治家としての最高地位も蓄財熱をいささかも弱めることはなかった。ローマ市民には彼の政治欲が財欲の手段であると映じたにちがいない。もちろん彼の財力は政治力の源泉でもあった。たとえば、彼はそのありあまる財を民衆にばらまくことを躊躇しなかった。あるいは破産寸前のカエサルの借財保証人になったり、カエサルを三頭政治の一角に誘い込むことによって、ポンペイウスにたいする政治的劣勢を補った。しかも彼自身は質素な生活を続けたのである。

彼の蓄財原資は「戦争と火事」である。勝利は戦利品、財産没収と奴隷確保を約束する。彼はすぐれた奴隷を多数有し、かれらの技術力がまた彼に富をもたらした。戦火や火事は捨て値で土地や家財の獲得を容易にする。ローマの家屋敷の過半は彼のものとなったとさえいわれる。（日本でもTは、戦時下あるいは戦後、ただ同然の家屋敷や土地を買いまくり、鉄道王にのし上がって、のちに政治にも進出し、一大経済閥を築いた。しかしその財力もクラッススに比すべくもない。）

かくして「富者は自分の財産で軍隊を養うことができる」と豪語したクラッススは、二度目の執政官に選ばれ、さらなる富裕と武功をめざしてポンペイウスが平定した属州シリアの統治に乗り出した。だがローマ市民たちはこの遠征に反対だった。だれもクラッススの軍事才能を信用していなかったからだ。（彼自身が一番自分を信用していなかったに違いない。）総司令官に必要なのは、敗北の瀬戸際に立たされたとき、兵士たちが死を賭しても指揮官と行をともにしたいというう、人間的魅力、人望である。ポンペイウスやカエサルにあって、クラッススにないものだ。しかも六〇代に入った彼は、後がないという思い、ポンペイウスに負けたくないという念に駆られ、功を焦って属州の境を超えて安直に難敵の地に入り込み、まんまと泥沼戦に追い込まれ、しかも撤退する時機を逸し、奸計にほんろうされたまま自滅の道を歩んだ。

15 スパルタクス——スパルタクスの反乱

（前109頃 - 前71）

〔訓練所を逃亡した奴隷剣士七四人は、追跡・追討軍を打ち破って、スパルタクスを首領に選び、南部の奴隷や下層農民たちを糾合してまたたくまに〕恐るべき大勢力となった。だが当初スパルタクスは、適切にも、ローマ軍を打破することを望まず、隊を率いてアルプスを越え、故郷の（属州）トラキアやガリアに戻ろうと考えていた。だが数を頼み勢いが強く意気も盛んになると、反乱奴隷たちは指揮者の考えに耳を貸さなくなり、イタリアを縦横に荒らしていった。

共和制・帝制を含めてローマには三度（のみ）奴隷の反乱があった。三度ともイタリア南部で、二度はシチリア、もっとも大規模だったのがナポリ近辺に端を発した、世にいう「スパルタクスの反乱」である。

奴隷剣士の戦闘力は兵士一〇〇人に匹敵するといわれた。反乱軍はローマ正規軍を二度破り、七万人にふくれあがった。かくして南下してシチリアに三度目の奴隷反乱の火をつけようとする部隊三万と、アドリア海沿いにイタリアを北上しアルプスに向かおうというスパルタクス本隊に分裂した。

ところが南下した部隊が、新司令官クラッスス指揮するローマ軍に殲滅されると、今度はスパルタクス本隊が迷走しだした。

スパルタクス隊四万は北上しながら追撃するローマ四個師団を打ち破り、ルビコン川（国境）近くで属州総督軍を打破し、故郷に帰る展望を切り開いた。だがここで一転、南下を開始し、シチリアを臨むメッシーナ海峡に向かった。海峡を背にして鉄壁の砦を築いて待ち伏せしていたのがクラッススの大軍である。反乱軍は敗走と分裂を余儀なくされた。ローマ軍の追走を振り切ったスパルタクス隊もついに最期を迎えるときがきた。プルタルコスはこう記す。

「勝利がスパルタクスを破滅させた。逃亡奴隷たちが思い上がったからである。彼らはもはや戦いを避けることを潔しとせず、指揮者たちの命令に耳を貸さず、行軍途上にあるのにもかかわらず指揮者たちを武器をもって取り囲み、ルカニアを通って再びローマに向かって軍を率いるよう強要した。これはクラッススの最も望むところであった。」

最初、七万のスパルタクス反乱軍が、ローマに直進することを最も恐れたのは、司令官クラッススであった。ところが四万を率いてローマを避けるように素通りして北上したスパルタクスの意志が、アルプス越えを間近にして、激変し、南下したのだ。反乱軍は所々で分断され、各個撃破にあい、勢力は半減する。かろうじて追撃をかわし、追跡軍支隊からからくも「勝利」をえたスパルタクス本隊は、突如、ローマ本隊に正面衝突を選んで、自滅した。

ローマ市民プルタルコスは、反乱軍をどんな意味でも正当化しない。反乱の失敗原因を逃亡奴隷の「思い上がり」に求め、スパルタクスの責を追求しない。これは至当だろうか。スパルタクスに欠けていたのは、指揮官に不可欠な一貫した意志と統率力である。反乱軍の「自滅」の最大原因だ。ただしスパルタクスは映画の主役さながら、「勇気と力」「知恵と温和」の持ち主で、ゆえに何度も女たちに苦境を救われのだ、とプルタルコスは暗示している。

16 カエサルとキケロ——万人を動かす弁論術

キケロはカエサルに「終身独裁官」という第一等の栄誉を与えることを元老院に提案した。終身独裁官はその栄誉がどれほど大きかったにせよ、とにかく人間として受けることの許される範囲のものである。だが他の人たちが競い合って、度を遥かに超えた栄誉をいろいろとつけ加えた。結果、その大げさで並外れた決議は、もっとも温和な人たちにさえカエサルを憎むべき忌まわしい人物に見えるようにしてしまった。

カエサルの政治・軍事上の最大敵はポンペイウスである。この二人は同じ土俵の上で闘うことができる。キケロは、三巨頭政治家たちクラッスス、ポンペイウス、カエサルがもちえない特大の才能を発揮した。哲学識であり、弁論＝説得術であり、文筆の才である。のちにその文章は長くラテン文（学）の模範とされた。

世にいう雄弁家たちがいる。キケロは、身振り手振りよろしく大声を上げて演説する話者を、「彼らが叫ぶのは無力だからだ」と茶化している。キケロは若いときから「ギリシア人」（外国崇拝主義者）とか「学者」（頭でっかち）と揶揄されたように、古典を尊び、冷静かつ知的しかも機知に富んでいた。大衆にはオツにすました高慢ぶった意地悪とみなされがちであったが、博識とクールな論理（＝言葉）、さらに事実の的確な明示によって相手を論破し、相手の感情にしみいるように説得してゆくのをつねとしていた。

プルタルコスは、キケロが皮肉屋で毒舌であること、過度の自慢癖があることをもって、その最大の欠点とみなしている。しかし同時に、ローマ最大の英雄カエサルにとってキケロとはもっとも危険な人物であった、と強く示唆する。

独裁者カエサルの敵が起訴された。その法廷でキケロに弁護が命じられる。キケロのひさしぶりの弁護をうしろ手をしてカエサルが聞いている。ところがだ。

「さまざまな感情の起伏に富む驚くべき魅力にあふれたキケロの演説が進むにつれて、カエサルの顔色はさまざまに変わり、つぎからつぎへと移りゆく胸の内までよそ目にも感じられた。そしてファルサロスの戦に話がおよぶや、カエサルは興奮のあまり身体を振るわせ、手から数枚の書類を落とした。かくしてカエサルは否応なしにこの被告を釈放せざるをえなかった。」

この裁判は代理裁判の意味合いを帯びていた。キケロはカエサルのもとを去り、敵のポンペウス陣営に身を投じた。そのポンペイウスがファルサロスの決戦で敗れ、キケロはローマに戻ったのだった。たしかにキケロはカエサルの温情によって許されたが、裏切りは消すことのできない刻印である。しかしキケロの〔自己〕弁護の見事さにカエサルははからずも心を動かされてしまうのだった。生命与奪権をもつ最高権力者といえども、キケロの弁舌の巧みさの前では黒を白に変じてしまいかねない。この危険きわまりないキケロを殺すにしくはない。だがその才を嫉妬をもちつつ高く評価せざるをえないカエサルは、キケロを閑職に追いやり、遠ざけるのだった。

17 プルタルコスと日本——東に史記、西に英雄伝

「人間の学問は人間である」とはギリシアで言い始め、……近世科学の勃興するまで、学問といえばほとんどことごとく人間に関することに限られた。……しかして人間を知るにその代表者たる英雄を知るを捷径《しょうけい》〔ちかみち〕とすることが、自然に人間の頭脳に浮かび、東洋で史記、西洋でプルタックが、功名心ある者の最も愛読するところとなり、今もその形跡が遺っておる。（三宅雪嶺『東西英雄一夕話』）

プルタルコス『英雄伝』は、雪嶺のいうように、司馬遷の『史記』（「列伝」）とならぶ、名品と讃えられてきた。だが日本では、司馬遷が超一流の史家、思想家と遇されるのに対し、プルタルコスは史家としても哲学者としても、三流の部類に入る非専門家とみなされてきた。それはいまに変わっていない。

この通弊《ひょうき》は、江戸期はもちろんのこと、西欧文化と学問が大量に入ってきた明治期には、見られなかった。江戸期の代表的哲学者荻生徂徠は「炒り豆を噛んで古今の英雄を罵るをもって最も愉快とする」といったが、この学統を最もよく受け継いだのが、明治期を代表する哲学者にして歴史家、『英雄論』を書いた人間通でジャーナリストの三宅雪嶺である。

だが東大や京大を根城としてはじまった日本アカデミズム哲学の本流が三宅雪嶺を無視したように、日本近代文学と歴史学は、プルタルコスを三流の文人に数えて、学術界から追放した。プルタルコスの『英雄伝』や『モラリア』（倫理論集）を《原典》（ラテン語）から全訳出し紹介した、河野与一をはじめとする学者たちも、この通弊を免れることはできず、プルタルコスの英雄伝は、生硬で読みにくい雑駁な英雄譚という評価にとどまってきた。

しかしシェークスピアは『英雄伝』から『ジュリアス・シーザー』を、『アントニーとクレオパトラ』を創作したが、アミヨの仏訳から重訳した英語版をもとに、史劇の傑作を書いたのである。

日本でも三宅雪嶺をはじめ、英訳で読み、英訳をもとに鶴見祐輔全訳や澤田謙著（翻案）『プルターク英雄伝』が出て大いに読まれたが、三流の烙印のまま今日に至っている。これは純文学・純哲を尊び、大衆文学・大衆哲学を卑す通弊のあらわれで、誠に残念なことだ。

だが純文学をはるかにしのぐ英雄伝、山本周五郎『樅ノ木は残った』や司馬遼太郎『竜馬がゆく』が現れた。プルタルコスの『英雄伝』も、北方謙三版『三国志』のように、日本人の情と論にかなうような形に書き改められたら、どんなに面白く有意義なことだろう。

『英雄伝』は、山本や司馬の英雄伝と同じように、英雄賛歌ではない。長所も短所も大きく抱え込んだ人間、英雄を登場させる。長＝優、短＝劣とは限らない。長が敗を、短が勝をよぶことも稀ではない。常人にも長短はある。英雄の人生から、長短をどう生かすのかの機微を学ぶ。これは「古今の英雄を罵る」愉快さと別ではない。

あとがき

1　「関西人は世界人」のモデルを、主として、わたしは三人の関西人から教えられた。今西錦司であり、梅棹忠夫、そして開高健だ。しかも、高校生の最後近く、開高健の小説を読んだばかりに、受験校を阪大に変えたため、札幌圏から関西に流れてくる結果となった。

といっても、わたしが「関西人」であることを自覚させられたのは、1980年代末の大学闘争で、東西の各大学院生協議会の討論中、わたしが関西弁で相手を辟易させたときではなかったろうか。わたしは、「議論」（論争）に勝ったと思ったが、相手は「奇天烈」なわたしの関西弁に戸惑った結果らしかった。

いまでは、そんな機会はほとんどなくなったが、静かに議論するとき、わたしからおしとどめようもなく「関西弁」の「本音」が流れ出てくる（ように感じられる）。だが開高は、大きな声の持ち主である。関西風ではない（だろう）。一度だけ、来道した講演で、赤いセータを着た開高を見に行ったことがある。大声で、アマゾン川の水が涸れる、地球は砂漠化する、という環境破壊の現状を告発するものだった。文学者らしからぬ様に思えた。

2　哲学は、文学と同じように、「作者」抜きには存在しえない。わたしが「人名辞典＝事典」類を多数書いてきた理由で、わたしの好きなスピノザやD・ヒュームを書く場合、いつも伝記作家になったつもりで書こうとしてきた。

3　そして、山田風太郎『人間最終図鑑』がみごとに示したように、人間のエキスは「死」に現れる。そういえば、わたしも『理想的な死』をはじめとした「人物」論を書いたのもまた同じような趣意からであった。

日本人で世界標準の最右翼は誰か。福沢諭吉である。その福沢諭吉論を、時代小説スタイル（『福沢諭吉の事件簿』全3巻　言視舎）で書いたことも付記しておきたい。

最後に、言視舎のみなさん、いつものようにありがとう。とりわけ社主の杉山尚次さん、人物論を出すチャンスをいただき、深甚の謝意を表します。

2023年11月末日　雪が降り消えた札幌から

鷲田小彌太

初出

Ⅰ　関西人は世界人『中外日報』（98／7‐99／8）月2回掲載

Ⅱ　社長の哲学『日経ＢＰ　マンスリー』（07／4‐09／3）連載

Ⅲ　社長の読書『日経ＢＰ　マンスリー』（09／4‐11／6）連載

Ⅳ　プルタルコス『英雄伝』の人間哲学に学ぶ『戦略経営者』（２０１１／1‐12／6）連載

鷲田小彌太（わしだ・こやた）
1942年、白石村字厚別（現札幌市）生まれ。1966年大阪大学文学部（哲学）卒、73年同大学院博士課程（単位修得）中退。75年三重短大専任講師、同教授、83年札幌大学教授。2012年同大退職。
主要著作に、75年『ヘーゲル「法哲学」研究序論』（新泉社）、86年『昭和思想史60年』、89年『天皇論』、90年『吉本隆明論』（以上三一書房）、96年『現代思想』（潮出版）、07年『人生の哲学』（海竜社）、07年『昭和の思想家67人』（PHP新書〔『昭和思想史60年』の改訂・増補〕）、その他91年『大学教授になる方法』（青弓社〔PHP文庫〕）、92年『哲学がわかる事典』（実業日本出版社）、2012年〜『日本人の哲学』（全5巻、言視舎）ほか、ベストセラー等多数。

装丁……足立友幸
編集協力……田中はるか
DTP制作……REN

人物名鑑　古今東西いま関西

発行日❖2023年12月31日　初版第1刷

著者
鷲田小彌太

発行者
杉山尚次

発行所
株式会社**言視舎**
東京都千代田区富士見2-2-2 〒102-0071
電話03-3234-5997　FAX 03-3234-5957
https://www.s-pn.jp/

印刷・製本
中央精版印刷㈱

ISBN 978-4-86565-265-9　C0095

978-4-86565-260-4

納得する日本史 古代史篇

「異端」かつ「正道」をゆく

異端や定説など「諸説」を論理的に整理、数々の謎や論争を検証しながら「なるほど、こう考えれば合点がゆく」という道筋を示す、哲学者ならではの画期的な一冊。歴史という「作品」を読み解きながら、独自の日本史像を提示する

鷲田小彌太 著　　四六判並製 定価 2000 円+税

978-4-86565-234-5

世界史の読み方

認識を刷新する４つの論点

論点１　20 世紀末、社会主義が崩壊し、世界史の読み方が変わる　論点２　世界史の新しい読み方──「資本」の読解　論点３　「戦史」を読む──日清戦争～第２次世界大戦　論点４　「世界史」を読む──「達人」に学ぶ

鷲田小彌太 著　　四六判並製 定価 2000 円+税

978-4-905369-51-6

ヘーゲルを「活用」する！

自分で考える「道具」としての哲学

戦争、グローバル化といった山積する現代の難問に、ヘーゲルの哲学・思想を大胆に「使う」本。「矛盾」「自己対象化」「家族」「対立物の統一」等、難解で鳴るヘーゲルを誰にでも理解できるようにわかりやすく解説する超入門書。

鷲田小彌太 著　　四六判上製 定価 2000 円+税

福澤諭吉の事件簿 Ⅰ・Ⅱ・Ⅲ

哲学者・鷲田小彌太が満を持して書き下ろす本格歴史大河小説。歴史読本の知的興奮、理屈だけではなく剣豪小説のスリリングな展開、探偵小説の謎解き、伝奇小説の自在さを併せ持った、知的エンターテインメント歴史小説！

鷲田小彌太 著　　四六判並製 各 1500 円+税

978-4-86565-199-7

三宅雪嶺 異例の哲学

三宅雪嶺は明治維新後の思想を代表する。雪嶺の国粋保存は保守反動思想ではない。その哲学は旧物保存の正反対、宇宙論、人類論、社会論など広大な思想体系である。膨大な歴史論、人物論、人生論も。司馬史観の源泉は雪嶺にあり。

鷲田小彌太 著　　四六判並製 定価 3000 円+税